rowohlts monographien
begründet von Kurt Kusenberg
herausgegeben
von Wolfgang Müller

John Locke

**mit Selbstzeugnissen
und Bilddokumenten
dargestellt von
Udo Thiel**

bildmono ro ro ro graphien

Rowohlt

Dieser Band wurde eigens für «rowohlts monographien» geschrieben
Den Anhang besorgte der Autor
Herausgeber: Wolfgang Müller
Redaktionsassistenz: Katrin Finkemeier
Umschlagentwurf: Werner Rebhuhn
Vorderseite: John Locke 1672. Gemälde von J. Greenhill
(National Portrait Gallery, London)
Rückseite: Titelblatt der Ausgabe von 1694
(Bodleian Library, Oxford)

Veröffentlicht im Rowohlt Taschenbuch Verlag GmbH,
Reinbek bei Hamburg, Februar 1990
Satz Times (Linotronic 500)
Gesamtherstellung Clausen & Bosse, Leck
Printed in Germany
1080-ISBN 3 499 50450 2

Inhalt

Zeichnung von Sir Godfrey Kneller

Von Somerset nach Oxford

John Locke wurde am 29. August 1632 in Wrington in der englischen Grafschaft Somerset geboren. Das kleine, ärmliche Geburtshaus gehörte den Eltern der Mutter des Neugeborenen. Nachdem sie den Sohn zur Welt gebracht hatte, kehrte die Mutter Agnes Locke schon bald mit dem Kind in das nahe Pensford zurück, wo sie seit 1630 mit ihrem Ehemann, John Locke senior, lebte.[1]* – Pensford liegt etwa 10 Kilometer südöstlich von Bristol, der im 17. Jahrhundert mit 20000 Einwohnern zweitgrößten Hafenstadt Englands. Der Wohnsitz bei Pensford in der Nähe der Mendip-Berge war im Gegensatz zur Geburtsstätte in Wrington ein geräumiges Gutshaus. Der Großvater Nicholas Locke hatte es gekauft, als er aus Dorset nach Somerset gezogen war, und es schon 1624 seinem Sohn überlassen. In diesem Haus verbrachte der Philosoph John Locke seine Kindheit.

Lockes Ruhm beruht vor allem auf dem noch heute wirkungsvollen *Essay über den menschlichen Verstand*[2], einem umfangreichen Werk, das vorwiegend erkenntnis- und wissenschaftstheoretischen Überlegungen gewidmet ist; aber Locke lieferte auch wesentliche Beiträge zur politischen Philosophie, Pädagogik, Religionsphilosophie und sogar zur Wirtschaftswissenschaft. Darüber hinaus betätigte er sich als Arzt, Erzieher und Berater, bekleidete öffentliche Ämter und engagierte sich bis ins hohe Alter in der Politik. Dabei konnte seine ländlich-puritanische Herkunft es nicht als naheliegend erscheinen lassen, daß er ein solch intellektuell wie praktisch ausgefülltes Leben führen sollte.

Die Vorfahren waren nach beiden Seiten puritanische Gewerbeleute. Die Lockes gehörten zur Mittelschicht der Landbevölkerung (ihr Familienname wurde von Zeitgenossen bisweilen der Aussprache gemäß «Lock» geschrieben). Der Großvater Nicholas hatte es im Tuchhandel zu einigem Wohlstand gebracht und konnte dem Vater des Philosophen außer dem Gutshaus einen kleinen Grundbesitz in der Nähe von Pensford vererben. – Der Reichtum, dessen England im allgemeinen und Somerset im besonderen sich zur Zeit von Lockes Geburt erfreuen konnten, ging in hohem Maße gerade auf die Erfolge im Tuchgewerbe zurück. Zwar lebte

---

* Die hochgestellten Ziffern verweisen auf die Anmerkungen S. 135 f.

Lockes Geburtshaus in Wrington, Somersetshire. Abbildung aus dem «Gentleman's Magazine», 1829

die Mehrheit der Bevölkerung weiterhin von der Landwirtschaft, aber auf Grund der schnellen Entwicklung der Kohleproduktion war es schon zu einer gewissen industriellen Expansion gekommen. Und die Herstellung von Tuchen bildete sich zur bedeutendsten Industrie Englands heraus; sie wurden Hauptexportartikel. Der Wohlstand kam allerdings vornehmlich dem Bürgertum und dem Land besitzenden niederen Adel (der «Gentry») zugute; es gab weitverbreitete Armut und viele Kinder mußten in der Landwirtschaft oder der örtlichen Industrie arbeiten. – Warum sich Nicholas Locke als Tuchhändler bei der kleinen Ortschaft Pensford niederließ, ist durchaus einsichtig; denn dank der Nähe zum Hafen Bristol lag sie für den Handel besonders günstig. John Locke senior blieb jedoch nicht in dem Gewerbe, in dem sein Vater erfolgreich gewesen war, sondern schlug eine weniger ertragreiche juristische Laufbahn ein und wurde Rechtsanwalt und Sekretär der Friedensrichter in Somerset. Von seiner Frau Agnes, einer geborenen Keene, ist nicht viel bekannt; man weiß, daß sie aus Wrington stammte, die Tochter eines Gerbers und eine Verwandte der Stiefmutter ihres Ehemanns war. Locke soll von ihr später als einer sehr frommen Frau und herzlichen Mutter gesprochen haben. Sie war 35, als sie den zukünftigen Philosophen gebar, der Vater erst 26. Lockes Bruder Thomas wurde 1637 geboren; er starb im Alter von 26 Jahren.

Der junge Locke erhielt zu Hause eine strenge Erziehung. Der Vater war ernst und unnachgiebig, aber nicht ungerecht oder gar grausam. Er besaß eine Bibliothek und interessierte sich für geistige Fragen auch jenseits des juristischen Bereichs. Seine Erziehungsmethode bestand darin, Strenge im Kindesalter walten zu lassen, diese aber mit den Jahren nach und nach zu lockern, damit der Sohn schließlich Vertrauter und Freund des Vaters werden konnte. Es heißt, der Vater habe sich später bei seinem Sohn feierlich dafür entschuldigt, daß er ihn einmal im Zorn geschlagen hatte. Gegenüber Freunden sprach Locke nur mit Respekt und Sympathie von seinem Vater; dessen Erziehungsmethode akzeptierte er so sehr, daß er sie später anderen zur Nachahmung empfahl.[3] – Wir wissen nicht, ob Locke während seiner Kindheit in Somerset eine Schule besuchte. Man nimmt an, daß er von den Eltern oder einem Hauslehrer, vielleicht aber auch von einem Schulmeister in Pensford oder dem Rektor der Pfarrgemeinde unterrichtet wurde. In jedem Fall dürften Kirche und Religion eine wesentliche Rolle in Lockes früher Erziehung gespielt haben. Die Kirche übte im 17. Jahrhundert eine zentrale Funktion im Alltagsleben aus; der Einfluß des Pfarrers auf die Formung des Weltbildes der Menschen zu dieser Zeit kann kaum überschätzt werden. Die Bischöfe zensierten Bücher und die Kanzel wurde für Bekanntmachungen der Regierung benutzt. Die Kirche war Mittelpunkt des öffentlichen Lebens;

Pensford

Royalistischer General im englischen Bürgerkrieg. Aus «The Bloody Prince», 1643

jeder mußte an den sonntäglichen Gottesdiensten teilnehmen. Es gab nur wenige, die sich nicht in der einen oder anderen Form zum Christentum bekannten. – In Lockes Umgebung in Somerset war dieses Christentum puritanisch geprägt. Die Puritaner wollten die anglikanische Staatskirche von katholisierenden Elementen befreien, plädierten für die Abschaffung der Bischöfe und letztlich für die Unabhängigkeit der Kirche von der Krone. Sie hielten sich für eine auserwählte Minderheit und meinten, durch strenge Bibellektüre, Erforschung des Gewissens, Disziplin und harte Arbeit das Königreich Gottes herstellen zu können. Die puritanisch orientierte Mittelschicht, Bürgertum und Gentry, hatte im Parlament zunehmend an Einfluß gewonnen. Aber die Ziele der Puritaner, besonders die Loslösung der Kirche von der Krone, standen natürlich in diametralem Gegensatz zu den königlichen Interessen. Für König Karl I. war die

Bischofskirche eine Hauptstütze seiner Macht. – Auch Locke blieb sein Leben lang ein gläubiger Christ; gleichwohl war er alles andere als ein dogmatischer Vertreter des Anglikanismus, und trotz seiner Herkunft entwickelte er sich keineswegs zu einem Puritaner. Locke verabscheute Fanatismus jeglicher Art. Ungeachtet seines religiösen Glaubens wurde für ihn eher eine selbständige vorsichtig-analytische Haltung charakteristisch.

Die dörfliche Enge Pensfords konnte Locke schon bald hinter sich lassen; dies verdankte er dem Einfluß von Alexander Popham, der zu den Friedensrichtern in Somerset gehörte, für die sein Vater arbeitete. Die Friedensrichter, wie Popham meist wohlhabende Grundbesitzer, waren wichtigstes Organ der regionalen Selbstverwaltung; sie kontrollierten zum Beispiel die Armenfürsorge und legten die Löhne fest. Zu den Hauptaufgaben der Friedensrichter und ihrer Sekretäre zählte in den dreißiger Jahren des 17. Jahrhunderts das Eintreiben einer sogenannten Schiffssteuer. Karl I. ließ sie in ganz England als eine Art Eigentumssteuer einziehen, um damit angeblich den Kampf gegen die Piraterie zu bezahlen. Karls Hauptmotiv war freilich die Hoffnung, sich durch die Steuer vom Parlament finanziell unabhängig machen zu können. Beim puritanischen Bürgertum und bei der Gentry war die Schiffssteuer äußerst unbeliebt. Die Parlamentarier suchten eine finanzielle Unabhängigkeit des Königs gerade zu verhindern und wollten selbst Einfluß auf die Wirtschaftspolitik ausüben. Popham und John Locke senior trieben denn auch gegen ihren Willen das Schiffsgeld ein. Zwischen Krone und Parlament gab es außer der Finanzpolitik eine Vielzahl weiterer Streitpunkte. Die Spannungen erstreckten sich auf fast alle Gebiete von der Außenpolitik bis hin zur schon erwähnten Religionspolitik. Sie führten 1642 kurz nachdem Locke zehn Jahre alt geworden war, zum Bürgerkrieg. Als Puritaner und kleiner Grundeigentümer ergriff Lockes Vater Partei für das Parlament; und Popham, derzeit Oberst in der Parlamentsarmee, machte ihn zum Kapitän eines Kavallerieregiments. Nach anfänglichen Erfolgen wurde die Truppe von Popham und Locke senior schon 1643 entscheidend von Königstreuen geschlagen, woraufhin sich die beiden sogleich aus dem Militärleben zurückzogen. Der Krieg setzte sich ohne sie zugunsten des Parlaments fort: 1646 kontrollierte es in London bereits die Westminster-Abtei und die angesehene Westminster-Schule, die man nun verstärkt puritanischen Söhnen zugänglich machte. Popham, Parlamentsabgeordneter für Bath, konnte jetzt Jungen für diese seinerzeit beste Schule Englands vorschlagen; und er tat seinem Sekretär aus Pensford einen historisch bedeutsamen Gefallen: Er nominierte John Locke junior; dieser wurde dementsprechend im Herbst 1646 (oder 1647) an der Westminster-Schule in London aufgenommen. – Es ist unwahrscheinlich, daß Locke ohne die grundlegende Ausbildung in Westminster, und das heißt: ohne die Gunst Pophams, zu einem erstrangigen Gelehrten und einem der

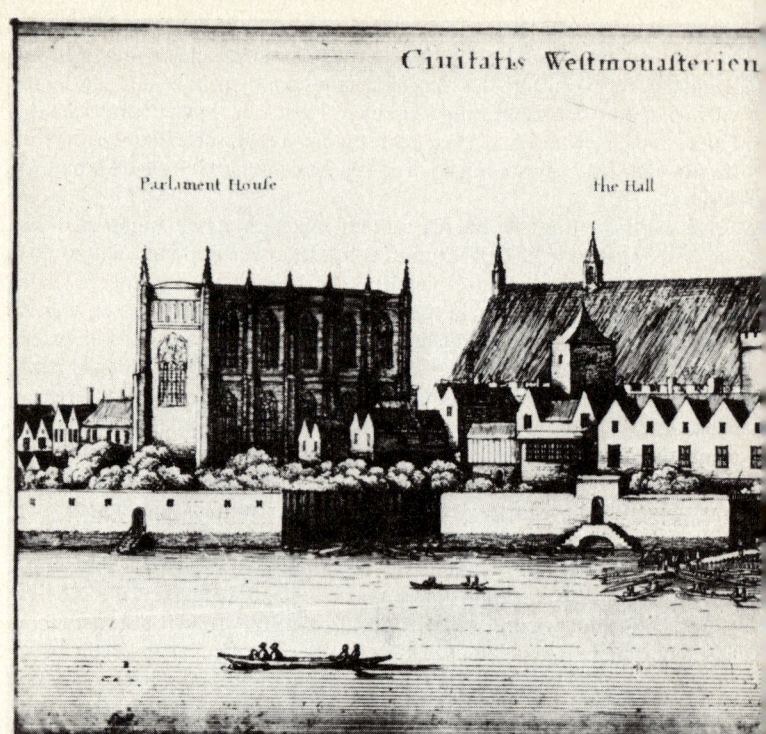

Das Londoner Parlament. Westminster Hall und Westminster Abbey im 17. Jahrhundert. Radierung von Wenzel Hollar

bedeutendsten Denker der Philosophiegeschichte geworden wäre. Und daß es Popham möglich war, als Gönner wirksam zu sein, lag letztlich am Ausgang des Bürgerkriegs.

In Westminster erwarb Locke die ersten Kenntnisse auf dem Weg zu seiner später universalen Bildung; hier konnten seine geistigen Fähigkeiten, seine intellektuelle Neugierde sich zu entfalten beginnen. – Hauptgegenstand des Unterrichts stellten die alten Sprachen dar: zunächst Latein und Griechisch, dann auch Hebräisch und Arabisch. Außer Sprachen und Literatur wurden Arithmetik und insbesondere Geographie gelehrt. Das starke Interesse des erwachsenen Locke an Reiseliteratur und den Sitten ferner Länder wurzelt möglicherweise in dem Geographieunterricht dieser Jahre. – Die Schüler mußten um fünf Uhr früh aufstehen und hatten einen langen Arbeitstag; sogar nach dem Abendessen ging es mit Unterweisungen weiter. Der Schulleiter Richard Busby war als strenger,

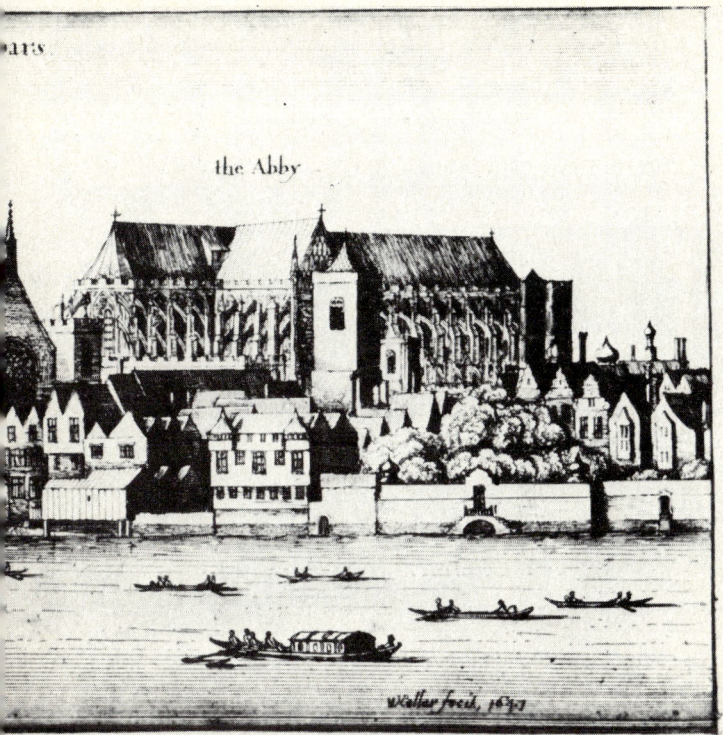

the Abby

aber fähiger Lehrer bekannt. Er legte Wert auf Disziplin, Leistung und harte Arbeit. Locke genügte diesen Anforderungen; die dazu nötige Selbstdisziplin und Willensstärke entsprechen puritanischen Tugenden, die er aus seiner Heimat in Somerset mitbrachte und die auch künftig unbeschadet seiner nichtpuritanischen Anschauungen für ihn bezeichnend blieben. Hierzu gehören ferner seine Gewissenhaftigkeit und seine Sparsamkeit: In Westminster begann Locke über jegliche Ein- und Ausgaben minuziös Buch zu führen; zeitlebens bekümmerte sich der Philosoph über Gebühr um seine finanziellen Angelegenheiten. – Der Wechsel nach Westminster war nicht nur ein erster Schritt in die Gelehrtenwelt; er bedeutete auch, daß Locke sich einer anderen politischen Atmosphäre als in Somerset ausgesetzt sah. Denn Busby war konservativer Royalist. Das Parlament erlaubte ihm erstaunlicherweise, sein Amt zu behalten; überhaupt ist bemerkenswert, daß Busby von 1638 für 57 Jahre trotz aller

13

Die Hinrichtung Karls I. am 30. Januar 1649. Zeitgenössischer Kupferstich

politischen Umbildungen in dieser Zeit Rektor sein konnte. Man sagt zwar, er habe seine Position nicht zur Indoktrination der Schüler in seinem Sinne ausgenutzt; aber zweifellos mußte sein Einfluß bei Locke eine skeptischere Haltung gegenüber den vertrauten puritanischen Lehrsätzen bewirken. Als Karl I. im Januar 1649 in Hörweite der Westminster-Schule enthauptet wurde, ließ Busby seine Schüler für den König beten. Die Royalisten verklärten Karl fortan zum Märtyrer der Monarchie; diese jedoch schaffte man in England vorerst ab und rief im Mai 1649 die Republik aus. Zunächst kam dies einer Herrschaft des Parlaments gleich.

Lockes schulische Anstrengungen zahlten sich aus: 1650 erhielt er auf Grund seiner Leistungen ein Stipendium, durch das er zum sogenannten «King Scholar» aufstieg; damit hatte er die erste Bedingung erfüllt, um nach der Schule ein Stipendium an einer der beiden Universitäten in Oxford (Christ Church College) und Cambridge (Trinity College) bekommen zu können. – Locke gab sich daraufhin in den letzten beiden Schuljahren besondere Mühe, und seine Aussichten, ein Universitätsstipendium zu erhalten, standen nicht schlecht. Andererseits konnte er sich dessen trotz seiner bisherigen Erfolge keineswegs sicher sein. Es ist nicht bekannt, ob die Familie auch andere Zukunftspläne für ihn in Erwägung zog. Am 11. Mai 1652 schreibt Locke an seinen Vater: *Falls man mich nicht ernennt (doch bin ich zuversichtlich), bitte geben Sie mir Nachricht, was ich tun soll, denn wir hören, daß nur sehr wenige ausgewählt werden.*[4] Vielleicht wurden Lehrjahre in London oder eine juristische Ausbildung ins Auge gefaßt. – Für das Stipendium mußten die Kandidaten in einer öffentlichen Zeremonie Reden auf lateinisch, griechisch und hebräisch oder arabisch halten. Anders als bei der Wahl zum King-Scholar spielte hier aber auch der Einfluß prominenter Fürsprecher eine Rolle. Es mußten daher Briefe geschrieben, Verhandlungen geführt und Vorstellungen bei respektablen Personen gemacht werden. Die früheste überlieferte Korrespondenz Lockes dreht sich um diese Wahl zu einem Platz an der Universität. Neben anderen kommt in diesem Zusammenhang wieder Alexander Popham eine entscheidende Bedeutung zu, den Locke offensichtlich erfolgreich mit der Bitte um ein Gutachten anschreibt. – Locke wurde von Zeitgenossen oft wegen seiner anregenden Gesprächsführung gelobt. Der erst seit 1976 vollständig in neun Bänden publizierte Briefwechsel weist ihn als einen geistreichen Korrespondenten und hervorragenden Schriftsteller aus, der dem jeweiligen Thema gemäß einen höflich-zurückhaltenden, einen sachlich-klaren, schmeichelnd-werbenden oder auch einen humorvoll-ironischen Stil findet. Die frühen Briefe lassen Lockes Studium antiker Literatur und Rhetorik erkennen. Man denke etwa an das erwähnte Schreiben an Popham, in dem es frei nach Cicero heißt: *Zu wünschen man möge noch tiefer in der Schuld dessen stehen, dem man bereits so viel verdankt, betrachte ich aber als das Zeichen eines aufrichtigen, nicht eines undankbaren Geistes.*[5] – Lockes Zuversicht wurde nicht enttäuscht: Noch vor Ende Mai 1652 spricht man ihm ein Stipendium für das hochangesehene Christ Church College in Oxford zu.

Als der zwanzigjährige Locke im Herbst 1652 von der besten Schule Englands an das bedeutendste College der Oxforder Universität kam, hatte sich hier das Leben nach dem Chaos des Bürgerkriegs schon einigermaßen normalisiert. Das Parlament nahm eine Reform vor und setzte akademische Disziplin und Ordnung durch. Unter Karl I. und während des Bürgerkriegs sollen Trägheit und Ausschweifungen die Szene in Oxford bestimmt haben. Selbst Royalisten mußten den Erfolg der vom Parlament durchgeführten Umgestaltung zugeben. Für die Oxforder Studenten zu Lockes Zeit bestand in den ersten drei Jahren strikte Anwesenheitspflicht bei allen Vorlesungen; sie hatten auch außerhalb ihres Studiums Pflichten zu erfüllen: So mußten sie täglich mindestens zwei Predigten hören und in der Lage sein, sie zu repetieren. – Das Christ Church College wurde von John Owen geleitet, der dem radikalen individualistisch-demokratisch gesinnten Flügel der Puritaner (den «Independenten») angehörte; damit gelangte Locke nach der streng puritanischen Umgebung Somersets und der royalistischen Atmosphäre in Westminster

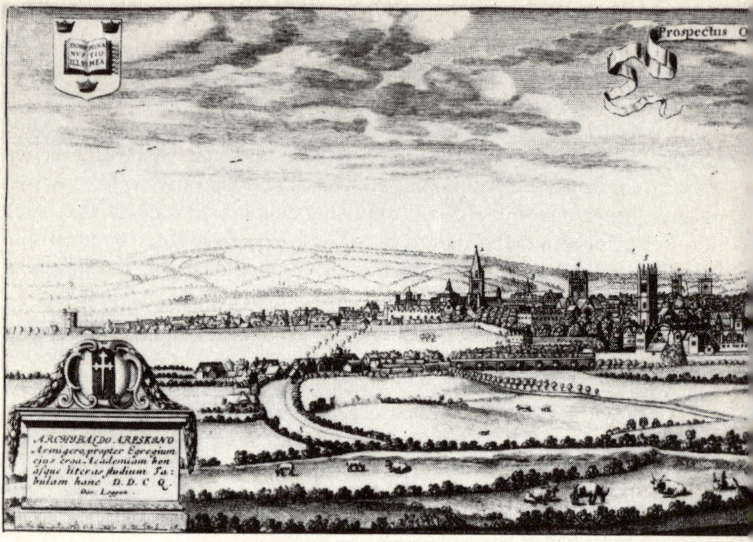

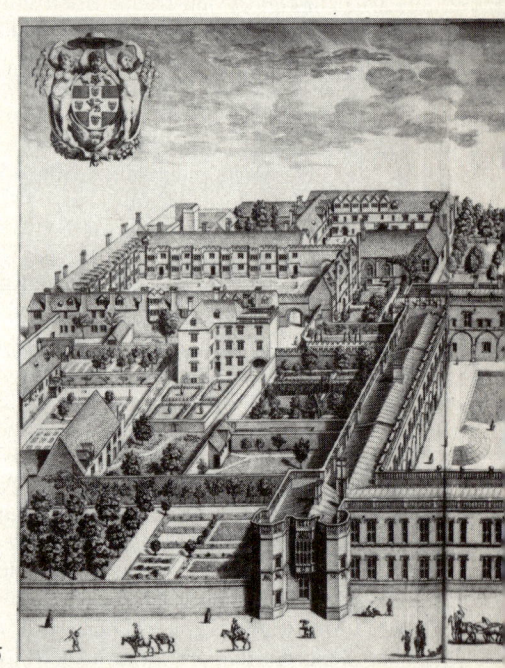

Oxford, 1675

Christ Church College, 1675

ARCHIBALDO ARESKENO
Armigero, propter Egregium
ejus Erga Academiam ben=
afque literas studium Ta=
bulam hanc D. D. C Q.
Rob. Logan

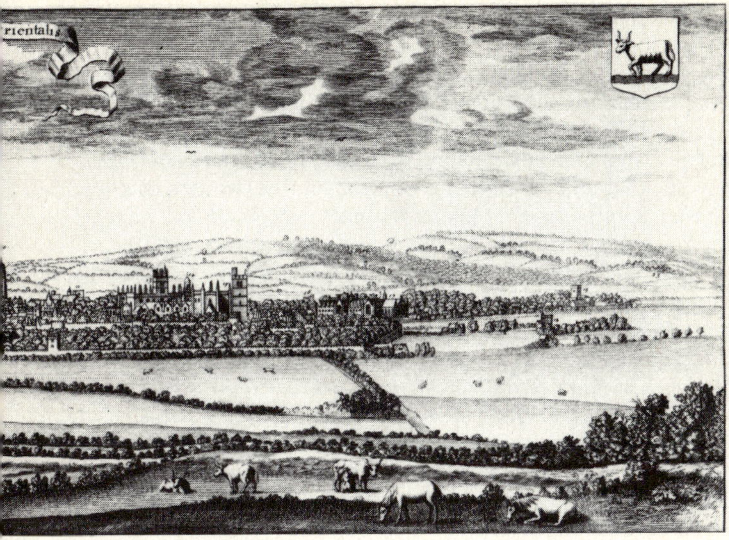

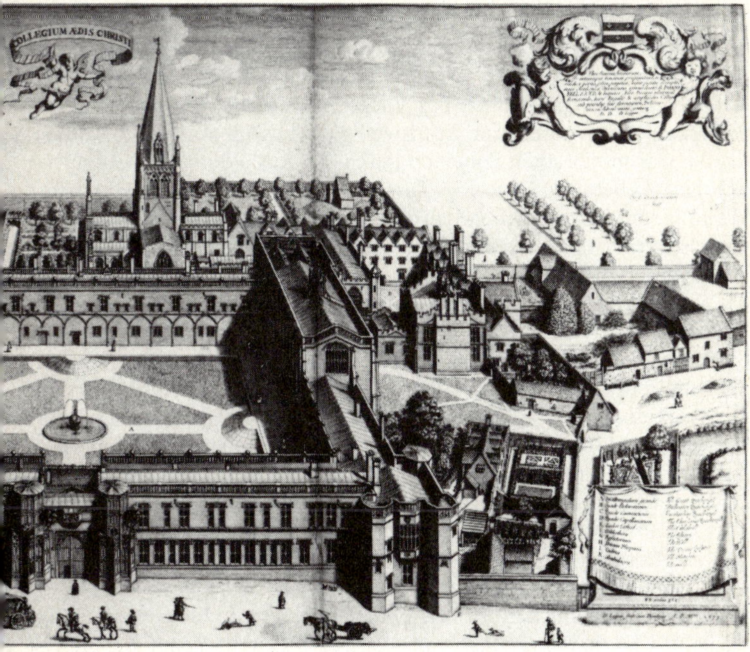
COLLEGIUM ÆDIS CHRISTI

nun zum erstenmal in den Wirkungsbereich eines energischen Verfechters religiöser Toleranz. Lockes Gesichtskreis gewann demnach schon in frühen Jahren an Weite, wodurch sich sein selbständiges Urteilsvermögen um so besser ausbilden konnte. – Form und Inhalt des Studiums waren im Oxford des 17. Jahrhunderts noch mittelalterlich-scholastisch ausgerichtet. Die ersten dreieinhalb Jahre, die den Studenten zu einem ersten akademischen Grad, dem Bachelor of Arts, führten, wurden hauptsächlich den alten Sprachen sowie Metaphysik und Logik gewidmet. Was die Form betrifft, so gab es neben Vorlesungen und Unterricht durch College-Tutoren weiterhin die mittelalterlichen Disputierübungen, in denen Studenten gegebene Thesen mit den Mitteln der traditionellen Logik widerlegen oder verteidigen mußten. Locke wird später Form und Inhalt scholastischen Denkens scharf kritisieren; zu den Disputierübungen sagt er 1693: *Denn dies ist, kurz gesagt, die Methode und das Ideal logischer Dispute, daß der Gegner der These niemals eine Erwiderung gelten läßt und der Verteidiger sich niemals irgendwelchen Gegengründen beugt. Keiner von beiden darf das tun, ganz gleich was dabei aus Wahrheit und Erkenntnis werden mag, wenn er nicht als armseliger, verachtlicher Wicht gelten und sich die Schande zuziehen will, er habe nicht aufrechterhalten können, was er einmal behauptet hat; nur das ist das große Ziel und der Ruhm beim Disputieren.*[6] Ob Locke schon als Student (oder gar hernach als Lehrender) dieser Auffassung war, ist nicht endgültig geklärt. – In jedem Fall hatte das Oxforder Studiensystem auch Vorteile: Dank des persönlichen Unterrichts durch Tutoren war das Studium nicht nur besonders intensiv, sondern konnte im Rahmen des Vorgegebenen auch entsprechend den Fähigkeiten und Interessen des jeweiligen Studenten angelegt werden. Locke war in den alten Sprachen durch die Ausbildung in Westminster sehr gut vorbereitet; seine Griechisch-Studien an der Universität dürften daher mehr als nur grammatischen Charakter gehabt haben. Logik, Metaphysik und Ethik studierte Locke nicht bloß aus gängigen Lehrbüchern der Zeit; mit seinem Tutor Thomas Cole las Locke die Logik des Aristoteles im Original, dann auch die «Nikomachische Ethik» sowie andere Schriften des Aristoteles.

Im Oktober 1654 starb Lockes Mutter. Zu Beginn desselben Jahres war Oliver Cromwell Lord Protektor von England geworden und hatte damit die Exekutive in seine Hand bekommen. Er führte den durch Englands Navigationsakte 1652 ausgelösten Krieg mit Holland zu einem siegreichen Ende und konnte sich daher trotz seiner sonst geringen Beliebtheit an einigen Lobpreisungen erbauen. So ließ John Owen als Leiter des Christ Church College zu Ehren Cromwells eine Anthologie von Gedichten veröffentlichen, die von Mitgliedern der Oxforder Universität eigens zu diesem Anlaß verfaßt worden waren. Auch John Locke befand sich unter den Verskünstlern; er trug ein lateinisches und ein englisches Gedicht bei.[7] Diese wenig belangvolle Auftragspoesie aus dem Jahre 1654 ist die erste Publikation des Philosophen. – Auf Grund seiner erfolgreich abgeleisteten Prüfung in Form der von ihm später als Wortgefecht verurteilten Disputation wurde Locke im Februar 1656 der Grad eines Bachelor of Arts verliehen. Dieser Grad galt traditionellerweise nicht als endgültiger Abschluß des Studiums, sondern dokumentierte vielmehr die Fähigkeit des Studenten, seine Studien weiterzuführen und für den eigentlichen Abschluß, d.i. für den Magistergrad (Master of Arts), zu arbeiten. Dennoch konnte man schon nach dem Bachelor of Arts das Universitätsstudium beenden und sich zum Beispiel in einem anderen Bereich weiter ausbilden lassen. Der Briefwechsel belegt, daß Locke erwog, genau dies zu tun[8]: Locke plante, eine juristische Laufbahn an einer der Londoner Rechtsschulen (Inns of Court) zu beginnen. Es scheint ungewiß, ob dieser Schritt auf den Einfluß des Vaters oder auf einen selbständigen Entschluß des jungen Locke zurückging. Die Briefe aus dieser Zeit (1656) offenbaren jedenfalls, daß sich Locke nicht mehr so unterwürfig wie noch zum Ende des Westminster-Aufenthalts gegenüber seinem Vater verhielt. Zwar zeigte sich Locke weiter ehrerbietig, aber der Stil war freundschaftlicher geworden; auch zögerte Locke jetzt nicht, dem Vater derbere Aspekte des Alltagslebens zu schildern. Nachdem Locke im Ok-

Englische Reisekutsche. Zeitgenössischer Stich von John Dunstall

tober 1656 wegen seiner Bewerbung bei einem Rechtsinstitut von Somerset nach London gereist war, stellte er seinem Vater zu Beginn eines Briefs die damals drei Tage in Anspruch nehmende Fahrt dar (ca. 180 Kilometer von Bath): *Liebster Vater. Am nächsten Morgen... nahm ich die Kutsche in Bath, die außer mir drei weitere Personen englischen Umfangs und eine Frau aus dem Geschlecht der Enakiter* (Riesengeschlecht) *nach London brachte, so daß ich im ganzen sechs in unserer Gesellschaft zählen darf; denn dieser Fleischberg, der sich Gattin eines Kaufmanns nannte, kann seinem Reden und seinem Körper nach gut für zwei angesehen werden. Sie war derart feist, daß es mir an den ersten zwei Morgen den Magen umdrehte und mir übel wurde; und am dritten sah es ganz danach aus, daß ich begraben werden sollte, denn wäre die Kutsche umgestürzt (was sehr wahrscheinlich war) und die Frau auf mich gefallen, ich wäre tot und begraben zugleich gewesen. Aber ich danke Gott, daß ich hierauf und nach tausend Bedrängnissen, die mein Sitzplatz mir für einige Zeit gewährte, sicher in London ankam.*[9] – Locke, zwar groß und schlank, sonst aber eher von schwächlicher Konstitution, mag erschöpft gewesen sein; den Erfolg seiner Bewerbung beeinträchtigte dies nicht: Locke wurde im Dezember 1656 am Rechtsinstitut Gray's Inn in London zugelassen. Trotzdem schlug er eine Karriere als Jurist aus und entschied sich letztlich, in Oxford zu bleiben, um den Magistertitel anzustreben. Was Locke zu dieser Entscheidung veranlaßt hatte, ist uns nicht bekannt. Vielleicht gefiel es ihm in Oxford besser, als er in späteren Urteilen zugestehen wollte. – Neben der Vertiefung der bisherigen Studieninhalte kamen nun auch Fächer wie Geschichte und (an Aristoteles orientierte) Naturphilosophie hinzu. In bezug auf die Form des Studiums sollte jetzt die eigenständige Arbeit des Studenten im Vordergrund stehen; die Anwesenheitspflicht bei Vorlesungen wurde gelockert. Dies konnte für den selbständig noch effektiver arbeitenden Locke nur von Vorteil sein: es gelang ihm, schon zum Juni 1658, d. h. zwei Trimester vor dem Ende des offiziellen Programms, die erforderlichen Leistungen zu erbringen. Nach der Verleihung des Master of Arts wurde Locke der Tradition gemäß zum Senior Student ernannt und gehörte damit dem Lehrkörper des Christ Church College an. Es war keine dauerhafte Stellung, markiert aber den Beginn von Lockes Laufbahn als Universitätsdozent.

Locke fand in Oxford mehr als nur akademischen Erfolg; er hatte einen guten Bekanntenkreis und freundete sich mit Studenten auch anderer Colleges an. Im Jahre 1658 lernte er den zehn Jahre jüngeren James Tyrrell vom Queen's College kennen. Tyrrell entfaltete wie Locke philosophische Interessen und wurde Autor staatstheoretischer und historischer Werke. Locke blieb Tyrrell zeitlebens verbunden; freilich kam es nicht selten zu ernsthaften und lange währenden Verstimmungen zwischen den beiden Gelehrten. Locke stellte in seiner Gewissenhaftigkeit hohe moralische Anforderungen an sich selbst und andere (und beson-

Christ Church College. Großer Speisesaal

ders natürlich an seine Freunde); für Tyrrell waren eher eine gewisse Red-
seligkeit und Nachlässigkeit auch in wichtigen Dingen charakteristisch.
Locke sah mehrmals Anlaß, sich über diese Eigenschaften Tyrrells zu är-
gern und zu empören. – Locke galt bei seinen Bekannten allgemein als
heiterer, leutseliger und gutmütiger Mensch. Er selbst gab indessen zu,
leicht aufzubringen zu sein und gelegentlich zum Zorn zu neigen. Freunde
bestätigten aber, daß er sich in seinem Unmut meist schnell wieder be-
sänftigen ließ.

Aus der Korrespondenz geht hervor, daß Locke gegen Ende der fünfziger Jahre in Oxford mehreren Damen den Hof machte. Die überlieferten
Briefe an diese Damen folgen weitgehend zeitgenössischen Mustern und
erscheinen heute als sehr formell. Wie andere suchten jedoch auch Locke
und seine Korrespondentinnen die damals gesellschaftlich geforderte
Förmlichkeit teilweise zu umgehen, zum Beispiel indem sie nach französischem Vorbild Decknamen benutzten. Elinor Parry, die von Locke um-
worben wurde, konnte für diesen nicht einfach «Elinor» sein: Locke stand
es gleichwohl frei, auf die unpersönliche Anrede durch den Familiennamen zu verzichten, wenn er statt dessen einen Decknamen verwandte, in
diesem Fall: «*Scribelia*».[10] Umgekehrt nannte *Scribelia* Locke natürlich

21

nicht «John», sondern, den Familiennamen vermeidend und ohne die Form zu verletzen: «Atticus».[11] – Der Gebrauch von Deck- und Spitznamen für Freunde wurde zu einer besonderen Vorliebe Lockes, entsprach aber einer Mode der Zeit und muß daher nicht als übertriebene Geheimniskrämerei seiner Person ausgelegt werden. Später verwenden selbst Tyrrell und Locke füreinander Namen, die französischen Romanen entnommen sind: Tyrrell ist «Musidore» und Locke «Carmelin».[12] Zuweilen gab sich Locke in den frühen Jahren in der Tat übermäßig geheimnisvoll; so benutzte er einmal unsichtbare Tinte, die erst zum Vorschein kommt, wenn man das Papier *sehr heiß am Feuer erwärmt*[13]. – Lockes Briefe an die von ihm verehrten Damen sind zwar literarischen Vorbildern nachempfunden, dennoch lassen sie die persönlichen Gefühle und ehrlich empfundene Zuneigung Lockes spüren. Folgender Passus stammt aus einem langen Briefentwurf an eine nicht mehr identifizierbare Dame, die Locke zur Zeit der Niederschrift noch gar nicht näher kennengelernt hatte: *Madam, den Blick dreister Gaffer einzufangen oder allmählich ein Herz zu entbrennen, das seine Flammen umwirbt, ist die Wirkung eines alltäglichen Gesichts; denn welches Feuer kann nicht denjenigen wärmen, der ganz nahe an es herankommt. Aber, Madam, ohne Überrumpelung oder Belagerung von ferne zu fesseln und ein Herz einzunehmen (das sich für gut gewappnet hielt), ist das Privileg einzig Ihrer Schönheit, die es verschmäht, auf hergebrachte Weise zu erobern... Da dies nun der mühelose, obgleich ungewöhnliche Weg zu Ihren Siegen ist, betrachten Sie es nicht als sonderbar, daß Sie einen unbekannten Gefangenen zu Ihren Füßen finden, dem es gestattet sein mag, sich einer Leidenschaft zu unterwerfen, der zu widerstehen ihm kein Mittel übrigblieb.*[14] Während Locke sich um Damen in Oxford bemühte, setzte sich der Vater in Somerset ein und machte sogar konkrete Heiratspläne für seinen Sohn; der Vater hatte eine wohlhabende «Witwe, jung, kinderlos, hübsch»[15] im Blick. Aber aus diesen Plänen wurde nichts und Locke blieb Junggeselle; trotzdem waren Frauen weiterhin für Lockes Leben von Bedeutung. Mit *Scribelia* korrespondierte er noch bis Mitte der sechziger Jahre.[16]

Locke machte sich zum Ende der fünfziger Jahre nicht nur um seine Damenbekanntschaften Gedanken. Die politische Situation hatte sich nach dem Tod Oliver Cromwells im September 1658 wieder verschärft. Die Protektoratsherrschaft wurde beseitigt, und das Parlament, das die Macht übernehmen sollte, erwies sich als unfähig, seine Aufgabe zu erfüllen. Es folgten anarchische Zustände; die Zukunft des Landes war ungewiß. – In Briefen an Freunde und Vater bringt Locke seine Verzweiflung angesichts der chaotischen politischen Lage zum Ausdruck; er beklagt, daß kaum jemand einen klaren Kopf behalte, und spricht von *diesem großen Tollhaus England*. Locke wünscht sich die Rückkehr von Ruhe, Sicherheit und Autorität. Er vergleicht England mit einem Schiff, das unterzugehen droht, und sehnt sich *nach einem Lotsen, der das hin- und hergeworfene Schiff aus diesem Zustand in den Hafen der Glückseligkeit führte!*[17]. Locke hofft, es möge nicht erneut zu einem Bürgerkrieg kommen, denn: *Waffen sind die letzte und schlechteste Zuflucht, und das große Elend dieser zerrütteten und übermütigen Nation ist, daß Kriege nichts als Kriege hervorgebracht haben... und ich kann kaum glauben, daß die Trommel je dazu bestimmt war, diese Nation zur Ruhe zu bringen.*[18] – Lockes Wunsch nach friedlicher Wiederherstellung von Sicherheit und Autorität wurde schon bald erfüllt. Der Oberbefehlshaber der Armee, General Monk, betrieb bereits die Rückkehr Karls II., des nach Frankreich geflohenen Thronfolgers, und damit die Restauration der Monarchie in England. Monk erreichte, daß sich das Parlament im März 1660 auflöste und allgemeine Wahlen beschloß. Das neue Parlament war royalistisch gesinnt und lud Karl II. zur Rückkunft ein. Dieser kam – angeblich zur großen Freude der Mehrheit der Engländer – am 29. Mai 1660 wieder nach London. – Entsprechend seinem vorherigen Begehren nach Ruhe und Ordnung begrüßt Locke die Wiederherstellung der Monarchie emphatisch: *Was mich betrifft, so kann niemand größere Achtung und Ehrerbietung vor der Autorität empfinden als ich. Ich gewahrte mich kaum in der Welt, als ich mich schon in einem Sturm befand, der fast bis heute andauert, und ich kann daher die nahende Beruhigung nur mit größter Freude und Genugtuung willkommen heißen.*[19] John Locke, der als Verfechter liberaler Ideen wie Toleranz und Widerstandsrecht Ruhm ernten sollte, war als knapp Dreißigjähriger trotz des Studiums unter dem toleranten John Owen noch unumwunden konservativ-staatsautoritär eingestellt. – Das Christ Church College in Oxford wurde jetzt von dem Royalisten John Fell geleitet; anglikanisches Ritual und Gebetsbuch mußten wieder befolgt werden. Im Bereich des Lehrkörpers hielt man kaum Änderungen für erforderlich. Locke machte in der Folgezeit weitere akademische Fortschritte: Ende 1660 wählte sein College ihn zum Dozenten für Griechisch und zwei Jahre darauf zum Dozenten für Rhetorik; auch dies waren jedoch keine dauerhaften Posten.

Im Jahr nach der Restauration starb Lockes Vater; da die Mutter bereits sieben Jahre tot war, hatte Locke jetzt nur noch seinen jüngeren Bruder Thomas; aber dieser starb wenige Jahre später (1663), so daß der Philosoph schon früh als einziger aus der kleinen Familie bei Pensford übrig war. Der Vater hinterließ ihm aus dem Erbe von Nicholas Locke etwas Land und einige Cottages in der Nähe von Pensford. Durch diesen kleinen Besitz konnte Locke für den Rest seines Lebens über ein bescheidenes Einkommen verfügen. Ein Onkel, Peter Locke, war für viele Jahre sein Beauftragter in Somerset und zog für ihn die Mieten ein. Der um seine Finanzen so sehr besorgte John Locke, sonst durchaus mildtätig gesonnen, zeigte sich bei zu spät eingehenden Mietzahlungen nicht immer als geduldiger Eigentümer.

Gelehrtenwelt und Politik

«Gelehrtenwelt und Politik» könnte über dem gesamten Lebenslauf John Lockes stehen; denn damit sind die Wirkungsbereiche bezeichnet, in denen Locke hauptsächlich und mit Engagement tätig war. Gleichzeitig charakterisiert diese Überschrift allgemein den historischen Rahmen, der für Lockes weiteres Denken und Handeln wesentlich wurde. – Lockes konservative politische Position zur Zeit der Restauration kommt nicht nur in seinen Briefen zur Sprache, sondern auch in seinen ersten, von ihm nicht veröffentlichten theoretischen Schriften. Es handelt sich hier vor allem um eine 1660 auf englisch abgefaßte Arbeit *Zur Frage: Ob die Staatsgewalt von Rechts wegen den Gebrauch unwesentlicher Dinge in bezug auf Gottesdienste anordnen und bestimmen darf* und um eine lateinische Abhandlung von 1661 zu demselben Thema.[20] In diesen Texten geht es um ein Problem der religiösen Toleranz: Man konnte sich zwar einig sein, daß die wesentlichen Bestandteile des Gottesdienstes durch das göttliche Gesetz festgelegt seien. Wem kommt es aber zu, Regeln für die Dinge festzusetzen, über die das göttliche Gesetz schweigt (z. B. Ort und Zeit der Ausübung des Gottesdienstes etc.) und die folglich als «unwesentliche Dinge» in das Belieben des Menschen gestellt sind? Ist es eine Angelegenheit, die zu bestimmen dem individuellen Gewissen freistehen sollte, oder muß es Aufgabe des Staates sein, hier strikt zu befolgende Vorschriften zu erlassen? Diese Frage mag heute abwegig erscheinen. Zur Zeit Lockes waren politisches Denken und religiöse Probleme noch eng miteinander verknüpft; und die von Locke in den beiden Abhandlungen erörterte Frage wurde unmittelbar vor und während der Restauration heftig diskutiert: Da es die neue Ordnung erst noch herzustellen galt, war eine Entscheidung über die Frage nach der Funktion der Staatsgewalt in Religionsdingen von herausragender politischer Bedeutung. Allein in Oxford wurden im Jahre 1660 innerhalb von sechs Monaten zwölf Beiträge zu diesem Problem publiziert.[21] Locke griff also ein Thema von aktueller politischer Brisanz auf. Er plante zunächst, die englische Abhandlung zu veröffentlichen; aber im Mai 1661 legten Regierungsentscheidungen die Gesetzgebung in seinem Sinne fest, so daß er von einer Publikation Abstand nahm. – Locke vertrat die staatsautoritäre Position und wandte sich in der englischen Abhandlung direkt gegen einen Vertreter der liberalen

Auffassung, Edward Bagshaw, selbst Student am Christ Church College in Oxford. Für Locke waren zu dieser Zeit noch Ruhe und Ordnung Hauptzweck der staatlichen Gemeinschaft und daher über die individuelle Freiheit zu stellen. Locke meinte, die staatliche Obrigkeit müsse den Gebrauch unwesentlicher Dinge festlegen, da anderenfalls Frieden und Sicherheit des Staatsganzen in Gefahr seien. Um zu zeigen, daß letzteres die wahrscheinliche Folge wäre, verweist er auf die Wirren des Bürgerkriegs und die Tyrannei religiöser und politischer Fanatiker: *Und es muß jemand schon fremd in England sein, der glaubt, daß Speisen und Bräuche, Ort und Zeit von Andachten usw. . . . es etwa nicht vermochten, fortwährend Uneinigkeit zu stiften und uns mit. . . Leidenschaft für Gewalttätigkeit und Grausamkeit bereitzumachen.*[22] In seiner Argumentation betont Locke, daß die Bürger zwar im Handeln gegenüber der staatlichen Obrigkeit zum Gehorsam verpflichtet seien, nicht aber dazu, ihre innere Zustimmung zu geben. Und da Locke noch der Ansicht ist, für den religiösen Glauben sei nur die innere Überzeugung entscheidend, kann er den Schluß ziehen, Gewissen und Seelenheil von Christen würden nicht beeinträchtigt, wenn die staatlich erzwungenen Handlungen ihrer religiösen Überzeugung widersprächen. Locke geht in diesen frühen Schriften so weit zu sagen, daß man im Handeln auch dann der Obrigkeit gehorchen müsse, wenn diese mit ihren Anordnungen eine Sünde begehe. – Von diesen Positionen wird sich Locke durch politische Erfahrungen und erneutes Überdenken schon im Laufe der sechziger Jahre entfernen, und er wird schließlich zum Teil direkt entgegengesetzte Auffassungen vertreten. Obwohl Locke in diesen beiden Abhandlungen mehr politisch als philosophisch argumentiert, sind sie für seine philosophische Entwicklung insofern von Bedeutung, als sie bereits den Weg zu einer Auseinandersetzung mit fundamentaleren Fragen weisen.

Mit traditionellen philosophischen Problemen befaßte sich Locke schon im Rahmen seiner Lehrtätigkeit. Laut Lehrplan mußte er die Studenten in den alten Sprachen und in scholastischer Philosophie und Logik ausbilden; auch als Dozent für Rhetorik unterrichtete er nicht Redekunst, sondern Philosophie. Er arbeitete mit den Studenten die neueren scholastischen Lehrbücher zur Metaphysik und Logik durch (z. B. Sanderson, Combach, Scheibler), konnte aber darüber hinaus wie schon sein eigener Tutor die Lektüre weitgehend den Fähigkeiten und Interessen seiner Studenten anpassen; einigen gab er originellere philosophische Arbeiten zu lesen, anderen mehr historische Werke, wieder anderen vornehmlich Texte aus der antiken Literatur. – Das philosophische Thema, mit dem sich Locke in der ersten Hälfte der sechziger Jahre persönlich und als Lehrender besonders auseinandersetzte, war das alte Problem der «lex naturae» (Naturgesetz). Mit «Naturgesetz» ist hier der Inbegriff absolut gültiger moralischer und rechtlicher Normen gemeint. Es ist nicht als identisch mit empirisch gegebenen Regeln und Gesetzen zu denken, son-

Die Bodleian Library, Oxford, im 17. Jahrhundert. Zwei Stiche von David Loggan

[Es handelt sich nicht um den «Locke Room»]

dern vielmehr, auch nach Locke, als *eine feststehende und ewige sittliche Norm, die sich durch die Vernunft selbst offenbart*[23]. Wir werden im Kapitel zur Ethik auf Begriff und Problematik des Naturgesetzes bei Locke zurückkommen. – Bereits in den Abhandlungen von 1660 und 1661 berief sich Locke zur Begründung seiner Position gelegentlich auf das Naturgesetz, ohne es jedoch eigens zu erörtern. In der Folgezeit verfaßte er hierzu acht lateinische, wahrscheinlich als Vorlesungen konzipierte Abhandlungen, die er 1664 abschloß, aber selbst nie publizierte.[24] Die Abhandlungen lassen erkennen, daß Locke mit der langen Tradition der Naturgesetzlehre gut vertraut war; auch kannte er die neueren einschlägigen Werke: die Erstveröffentlichung des von ihm hernach hochgeschätzten Samuel Pufendorf, die Arbeit des Cambridger Platonikers Nathanael Culverwel sowie Hobbes' Ausführungen. Gegenüber den meisten zeitgenössischen, mehr historisch und juristisch orientierten Traktaten zum Naturgesetz zeichnen sich Lockes Abhandlungen dadurch aus, daß in ihnen vor allem der Frage nachgegangen wird, wie wir das Naturgesetz erkennen können. Mit dieser Betonung des Erkenntnisproblems verweisen sie bereits auf das Hauptthema des mehr als zwanzig Jahre später fertiggestellten *Essay über den menschlichen Verstand*. Hier wie dort kritisiert Locke die seinerzeit weitverbreitete Lehre, gemäß der moralische Prinzipien dem menschlichen Geist eingeboren sind. In den frühen Abhandlungen bezieht Locke die Erkenntnisfrage noch ganz auf das spezielle Problem des Naturgesetzes; im *Essay* wird dagegen grundsätzlicher nach der Möglichkeit von Er-

René Descartes. Gemälde von Frans Hals

kenntnis überhaupt gefragt und eine ausgearbeitete Theorie dazu vorgelegt. Die Arbeiten aus den sechziger Jahren können aber als erster Schritt auf dem Weg zur Erkenntnistheorie des *Essay* angesehen werden. Obwohl das Naturgesetz auch in Lockes späterer praktischer Philosophie eine zentrale Rolle spielt, verfaßt er keine Schriften mehr zu diesem Thema.

Es ist belegt, daß Locke zumindest 1664 mit Studenten auch Disputationen über das Naturgesetz geführt hat. Am Heiligabend 1663 war Locke für das folgende Jahr zum «Zensor für Moralphilosophie» gewählt worden; hinter diesem Titel verbarg sich ein Aufsichtsamt für Studienangelegenheiten am Christ Church College. Die Tradition verlangte, daß der «Zensor» nach seinem einjährigen «Leben» in diesem Amt «stirbt» und anläßlich seines Ausscheidens in einer Zeremonie seine eigene «Grabrede» hält. Locke spricht zu seinem «Begräbnis» in einer barocken Rede vom Dezember 1664 gewitzt von der Nichtigkeit des Lebens allgemein und davon, daß der Tod das eigentlich Wünschenswerte sei.[25] Er wendet

28

sich mit humorvollen Abschiedsreden an die Würdenträger und an die Studenten; in diesem Zusammenhang erwähnt er die Disputationen über das Naturgesetz: Selbst wenn die Studenten dabei das von ihm verteidigte Gesetz bestritten, so bestätigten sie es doch wieder durch ihr dem Naturgesetz gemäßen Verhalten. Locke beendet seine Rede mit *diesem einen Wort: Morior* (Ich sterbe).[26] – Locke war offensichtlich ein guter und beliebter Dozent. In der Rede von 1664 hebt er hervor, daß es während seines einjährigen «Lebens» als «Zensor» nur einmal zu einem unangenehmen Zwischenfall gekommen sei. Einer seiner Schüler, der nach Cambridge gewechselt hatte, schrieb Locke noch von dort: «Ich kann nie genug bezeugen, wieviel ich Ihnen verdanke... und jetzt, Sir, bin ich in Cambridge ebenso Ihr Schüler und Verehrer wie ich es in Oxford war.»[27]

Schon früh beschäftigte sich Locke mit neueren philosophischen Theorien, die an den Universitäten als zu modern galten und daher nicht in den Lehrplänen zu finden waren. Dazu zählt insbesondere die damals neue Philosophie des René Descartes. Locke soll später Freunden erzählt haben, nicht die Universitätsphilosophie, sondern die Schriften Descartes' hätten als erste ein wirkliches Interesse an philosophischen Fragen in ihm geweckt. Unabhängig von seinen offiziellen Studien begann er bereits in den fünfziger Jahren die Werke Descartes' zu rezipieren (im lateinischen Original und in englischen Übersetzungen der französischen Schriften). Zu dieser Zeit hatte die cartesische Philosophie trotz der Nichtbeachtung durch die Universitäten, wo man sich weiter auf Aristoteles und scholastische Metaphysik konzentrierte, bereits einen beträchtlichen Einfluß auf die Intellektuellen in England gewonnen. Zwar gab es hier anders als in Frankreich keine cartesianische Schule, aber man setzte sich ernsthaft, wenn auch meist kritisch, mit den Theorien Descartes' auseinander. – Was Locke an Descartes beeindruckte, waren unter anderem die Klarheit der Argumentation und des Sprachstils, die Kritik an der Scholastik sowie die Hochschätzung der Mathematik. Inhaltlich dürften es vor allem Descartes' erkenntnistheoretische Überlegungen gewesen sein, die Lockes Beachtung fanden. Descartes suchte den Skeptizismus zu widerlegen und für eine Grundlage allen menschlichen Wissens zu argumentieren, die absolut gewiß ist und schlechterdings nicht angezweifelt werden kann. Dieses nicht mehr anzweifelbare Fundament liegt für ihn bekanntlich in der Erkenntnis von der Existenz des denkenden Ich. Locke wird Descartes in der erkenntnistheoretischen Fragestellung folgen, sie jedoch konsequenter durchführen und andere zentrale Lehren seines Vorgängers scharf kritisieren. Im *Essay* entfaltet Locke mehr als einmal seine eigene Position an Hand einer Descartes-Kritik. – Mehr noch als Descartes verdankt Locke einem anderen französischen Philosophen: Pierre Gassendi. Gassendi richtet sich sowohl gegen die scholastische Philosophie als auch gegen Descartes. Er trägt seine Kritik vom Standpunkt der Naturwissenschaft und des antiken Atomismus vor, zu dessen Wie-

Pierre Gassendi. Stich von Claude Mellan

derbelebung im 17. Jahrhundert er wesentlich beitrug. Gassendis Kritik an Descartes nimmt in manchen Einzelheiten Lockes Argumente vor-weg. Auch Gassendis allgemeine erkenntnistheoretische Position ähnelt in vielem der Lehre, die Locke ausarbeiten wird: Gassendi plädiert für einen Mittelweg zwischen dem radikalen Skeptizismus, der die Mög-lichkeit jeglichen Wissens leugnet, und dem übermäßigen Vertrauen in die menschliche Erkenntniskraft, das er bei Descartes diagnostiziert. Gassendis Werk zur Astronomie (von 1647), in dem die neuesten Fort-schritte dieser Wissenschaft zusammengefaßt waren, gab Locke als Do-zent einem seiner Studenten zu lesen. Locke selbst befand sich auf dem jeweils letzten Stand der Forschung: Seit Mitte der sechziger Jahre ent-ging ihm kaum eine wichtige Neuerscheinung aus der gelehrten und philo-sophischen Welt. Dazu gehörten nicht nur philosophische Werke im enge-ren Sinne wie Spinozas «Prinzipien der Philosophie Descartes», die Locke gleich nach der Publikation im Jahre 1663 las, sondern zum Bei-spiel auch eine Vielzahl von Reiseberichten über ferne Länder.

Ein besonderes Interesse hatte Locke für die sich erst formierenden experimentellen Naturwissenschaften entwickelt. Auch hier bewegte er sich auf Wegen, die jenseits der Lehrpläne der Universität lagen. Denn die einzige offiziell an der Universität zugelassene Naturwissenschaft war die Medizin; und diese wurde nicht als Erfahrungswissenschaft, sondern als eine Angelegenheit der Büchergelehrsamkeit behandelt. Im Oxford des 17. Jahrhunderts ging der Medizinstudent ganz wie der zukünftige Theologe in die Universitätsbibliothek und las die Schriften der Alten. Medizinische Fragen mußten in bezug auf diese Texte (z. B. Aristoteles, Galen) beantwortet werden, die unhinterfragt als Autoritäten angesehen wurden. Einige Wissenschaftler in Oxford sagten sich allerdings bereits von der orthodoxen Medizin los und sprachen sich für ein empirisches Studium der Natur im allgemeinen und des menschlichen Körpers im besonderen aus. In den fünfziger Jahren gab es in Oxford eine Vereinigung von Wissenschaftlern, die sich der experimentellen Naturwissenschaft und diesbezüglicher philosophischer Fragen widmete; nach der Restauration der Monarchie ging aus dieser Vereinigung durch die Anerkennung Karls II. 1662 die berühmte Royal Society hervor, eine Gesellschaft «zur Förderung der Naturkenntnis» (mit Sitz in London). Die von den Mitgliedern der Royal Society verfochtene empirische Methode läßt sich in England auf Francis Bacon zurückführen, der als einer der ersten Philosophen der Neuzeit für eine Erneuerung der Naturwissenschaften eingetreten war; nach Bacon sollen nicht metaphysische Spekulation und Vertrauen auf Autoritäten, sondern Erfahrung und Experiment Grundlage der Naturwissenschaften sein: Es gelte Fakten zu sammeln, damit man ein Wissen erlangen könne, das für den Menschen von Nutzen sei. – In Oxford war es vor allem der Mediziner Richard Lower, der Lockes Aufmerksamkeit für die empirische Naturwissenschaft und speziell für die Medizin weckte. Bereits als Student hatte Locke sich ein Merkheft angelegt, in das er Notizen zu medizinischen Fragen eintrug. Als Tutor und Dozent erfüllte er nicht nur seine Lehrpflichten und machte sich mit Neuerscheinungen philosophischer Art vertraut, sondern er intensivierte auch sein inoffizielles Medizinstudium bei Lower und anderen. – Für Lockes weitere Beschäftigung mit den Naturwissenschaften war seine Bekanntschaft mit Robert Boyle, dem Begründer der modernen Chemie, von zentraler Bedeutung. Boyle wandte sich gegen die Zauberlehren der Alchimisten und trat im Sinne Bacons dafür ein, daß unsere Kenntnis materieller Substanzen auf die Basis von Beobachtung und Experiment zu stellen sei. Boyle, von Beginn an Mitglied der Royal Society, wirkte in seinem privaten Oxforder Labor in der High Street gegenüber dem Queen's College, wo sich auch die anderen Oxforder Experimentalisten trafen. Locke wurde schließlich in ihren Kreis aufgenommen und führte selbst Experimente mit dem deutschen Chemiker Peter Stahl durch, den Boyle 1659 nach Oxford gebracht hatte. Locke lernte Boyle um 1660 kennen[28] und blieb mit ihm zeitlebens eng befreundet. Ein Indiz für den Einfluß Boyles auf Locke ist die Tatsache, daß letzterer in seiner umfangreichen Bibliothek von keinem Autor mehr Bücher besaß als von Boyle. Seit

31

den sechziger Jahren nahm er jede neue Publikation seines Freundes begierig auf. Boyle stellt außer naturwissenschaftlichen Untersuchungen auch methodologische Überlegungen an, zum Beispiel zur Rolle der Hypothesen in der empirischen Naturforschung. Die wichtigste Hypothese, der sich Boyle (wie schon Gassendi) bediente, war die von antiken Autoren wie Demokrit und Epikur sich herleitende atomistische Lehre. Hiernach besteht die allen Körpern gemeinsame einheitliche Materie aus kleinsten sinnlich nicht wahrnehmbaren Teilchen (genannt «Atome» oder «Korpuskel»), die man sich trotz ihrer Nicht-Wahrnehmbarkeit als mit

Robert Boyles Wohnung war in dem kleinen, giebeligen Haus in der High Street vorne links

Robert Boyle. Gemälde nach Johann Kerseboom, ca. 1689/90

jeweils besonderer Gestalt und bestimmtem Umfang ausgestattet vorzu-
stellen hat. Die Eigenschaften der verschiedenen Körper gehen nach dieser Lehre aus der unterschiedlichen Konstellation und einigen fundamen-
talen Eigenschaften der Atome hervor. Auch Locke übernimmt diese
Hypothese und macht sie für seine erkenntnis- und wissenschaftstheoretischen Überlegungen fruchtbar. – Obwohl Locke sich weiterhin mit den
Naturwissenschaften beschäftigt, wird er nicht zum Naturforscher. Sein
wesentlicher Beitrag liegt hier in der erkenntnistheoretischen Grundlegung der naturwissenschaftlichen Tätigkeit.

Locke arbeitete indessen in dem Bereich der Naturwissenschaft weiter,
der ihn am meisten interessierte: der Medizin. Im Jahre 1667 wird er Thomas Sydenham kennenlernen, der für die Medizingeschichte eine ähnliche Bedeutung hat wie Boyle für die Geschichte der Chemie. Sydenham

Thomas Sydenham. Gemälde von Mary Beale, 1688

wurde besonders durch seine Beobachtungen zur Ausbreitung epidemi-
scher Krankheiten und seine Arbeit zur Behandlung der Pocken bekannt.
In seiner Zurückweisung der traditionellen Methode der Medizin war er
noch radikaler als Boyle: Auch für Sydenham muß vernunftgeleitete Beobachtung Grundlage medizinischer Erkenntnis sein; aber anders als
Boyle (und zunächst Locke) geht es ihm nicht so sehr um das Erstellen
von Theorien und Hypothesen über die Krankheitsursachen, sondern
pragmatischer um die Untersuchung der Krankheitsgeschichte und die
Wirkung von Heilmitteln. In der Medizin folgte Locke letztlich Sydenham; es ist zu Recht gesagt worden, daß Lockes medizinische Interessen
durch die Bekanntschaft mit Sydenham vom Labor ans Krankenbett
wechselten.[29] Sydenham und Locke arbeiteten viel zusammen und schätz-
ten einander sehr.[30] Locke, 1668 in die Royal Society gewählt, erlangte
durch ärztliche Erfolge auch bei anderen Medizinern seiner Zeit hohes
Ansehen. Erfolglos bemühte er sich, seinen Leistungen entsprechend von
der Oxforder Universität den Titel «Doktor der Medizin» zu erhalten

(ohne allerdings die traditionellen Kurse und Prüfungen mitmachen zu wollen). Erst 1675 sprach man ihm wenigstens den Grad eines Bachelor der Medizin zu, wodurch ihm erlaubt wurde, öffentlich zu praktizieren.

Schon Mitte der sechziger Jahre befand sich Locke demnach im Bereich der Naturforschung auf der Seite des Fortschritts; und auch in der Philosophie hatte er ja nicht nur die traditionelle Universitätsphilosophie, sondern auch die modernen Lehren etwa eines Descartes rezipiert. Die Lösung von der konservativen politischen Haltung erfolgte erst einige Jahre später; hier kam seinem weiteren beruflichen Werdegang eine besondere Funktion zu. Die Karriere, die in Lockes Situation am nähesten lag, war die eines Geistlichen. Und Locke scheint bis 1663 ernsthaft erwogen zu haben, diese Laufbahn einzuschlagen. Es waren nicht zuletzt seine naturwissenschaftlichen Neigungen, die ihn von diesem Vorhaben abbrachten. – In der Zeit nach seinem «Tod» als «Zensor» entschloß sich Locke, für einige Monate ins Ausland zu gehen. Wahrscheinlich durch die Vermittlung William Godolphins, eines alten Schulfreundes, fand er eine Stelle im diplomatischen Dienst: Er erhielt einen Posten als Sekretär der Gesandtschaft Sir Walter Vanes, die im November 1665 an den brandenburgischen Hof nach Kleve ging. Ziel der Mission war, zumindest die Neutralität Brandenburgs in dem zweiten Krieg mit Holland zu erreichen. Dieser seit 1664 geführte Krieg verlief ungünstig für England und man suchte die Lage durch Bündnispolitik zu verbessern. Das Kurfürstentum Brandenburg war insofern von besonderer Bedeutung, als es seit 1614 das Herzogtum Kleve sein eigen nennen konnte und so an Holland grenzte. Friedrich Wilhelm, der Große Kurfürst, der gleichzeitig Herzog von Kleve war, gab sich zunächst neutral und schien bereit, bei angemessener Bezahlung dem Ansinnen Englands zu entsprechen. Locke war skeptisch: *Dieser Kurfürst von Brandenburg erklärt, niemandem verpflichtet zu sein, jedoch… glaube ich, daß er den Holländern zuneigt und wir wenig von ihm zu erhoffen haben.*[31] Und Locke behielt recht: In Wahrheit hatte sich der Kurfürst längst für Holland entschieden und benutzte die Verhandlungen mit England wohl vor allem dazu, um den Preis, den Holland an ihn zahlen sollte, in die Höhe treiben zu können. Die Gesandtschaft Vanes wurde im Februar 1666 nach England zurückgerufen und *der Kurfürst von Brandenburg verbündet sich mit den Holländern*[32]. – Für England mag das Unternehmen eine Enttäuschung gewesen sein; für Locke war es ein erster Auslandsaufenthalt, bei dem er vieles entdeckte, das seine Anteilnahme erregte. Positiv beeindruckt war Locke von der für die damalige Zeit bemerkenswerten religiösen Toleranz, die im Herzogtum Kleve praktiziert wurde. Freiheit des öffentlichen Gottesdienstes gab es für Lutheraner, Calvinisten und sogar für die Katholiken, obwohl dem Kurfürsten der Katholizismus verhaßt war. An Robert Boyle schreibt Locke dazu aus Kleve: *Aber dennoch gerät diese Entfernung ihrer Kirchen nicht in ihre Häuser. Ruhig erlauben sie einan-*

der, ihren eigenen Weg zum Himmel zu wählen; denn ich kann unter ihnen keine Streitereien oder Feindseligkeiten wegen religiöser Fragen beobachten.[33] In Kleve erfuhr Locke aus erster Hand, daß Toleranz praktikabel sein kann und nicht notwendig zu Zwietracht führen muß. Unter dem Eindruck dieser Erfahrung scheint Locke sich bereits langsam von seiner antiliberalen Haltung fortbewegt zu haben, die er 1660 und 1661 noch so nachdrücklich verteidigt hatte. Bezüglich der Gelehrtenwelt gab es freilich wenig Aufregendes aus Kleve zu berichten. Locke schreibt an Boyle: Ich habe hier bis jetzt von keiner außergewöhnlich gelehrten Persönlichkeit gehört. Es gibt einen gewissen Dr. Scardius (J. Schard), von dem es heißt, daß ihm die Chemie nicht ganz und gar fremd sei. Ich beabsichtige, ihn zu besuchen, sobald sich eine günstige Gelegenheit für mich ergibt. Wie man mir sagt, gehen die übrigen Ärzte den alten Weg, und dies kann ich mir angesichts ihrer Apotheken, die keine chemischen Heilmittel kennen, auch leicht denken. Ich nehme an, daß diese Stadt daher so schlecht mit Büchern solcher Art ausgestattet ist, denn es gibt nur wenige, die wißbegierig genug sind, sich nach Chemie oder den Experimentalwissenschaften zu erkundigen.[34] – Als Locke im Februar 1666 nach England zurückkehrte, war die Pest, die seit Mitte 1665 in London wütete, zwar noch nicht ganz vorüber; doch Locke geriet nicht in Gefahr. Lockes Arbeit in Kleve muß von seinen Vorgesetzten günstig aufgenommen worden sein. Denn kurz nach seiner Rückkunft wurde ihm der Posten eines Botschaftssekretärs – vermutlich in Spanien – angeboten; einige Monate später bot man ihm auch eine Stelle als Botschaftssekretär in Schweden an. Locke war erst unentschlossen, entschied sich jedoch endlich gegen eine Auslandsstellung und widmete sich wieder seinen medizinisch-naturwissenschaftlichen Studien in Oxford.

Locke sollte nicht lange der Politik fernbleiben. In Oxford wurde er im

Kleve.
*Zeitgenössischer Kupferstich
von Matthäus Merian d. Ä.*

Sommer 1666 durch einen Zufall mit Anthony Ashley Cooper bekannt, zu der Zeit Lord Ashley, ab 1672 auch 1. Graf von Shaftesbury.[35] Shaftesbury war ein einflußreicher Politiker, der 1666 die Höhepunkte seiner Karriere allerdings noch vor sich hatte. Nach Oxford war er nur gekommen, um Wasser aus der nahen Heilquelle von Astrop zu trinken. Das Treffen mit Locke vergaß er nicht: Lockes Konversation und Kenntnisse auf medizinischen und anderen wissenschaftlichen Gebieten hatten den Politiker so sehr angesprochen, daß dieser Locke schon im Frühjahr des darauffolgenden Jahres dazu einlud, bei ihm als sein persönlicher Hausarzt in seinem Londoner Exeter House zu arbeiten und zu wohnen. Ein solches Angebot konnte und wollte Locke nicht ablehnen. Gewiß hoffte er ferner, daß er in London, wo die Royal Society ja ihren Sitz hatte, seinen naturwissenschaftlichen Interessen besser würde nachgehen können. Seine Position in Oxford wußte Locke derart abzusichern, daß ihm Platz und Stipendium an der Universität erhalten blieben, ohne daß er sich auf den geistlichen Stand vorbereiten oder auch nur ständig in Oxford anwesend sein mußte. Bereits im Juni 1667 befand sich Locke im Haus Shaftesburys in London; und dies war zunächst bis 1675 sein Hauptwohnsitz. Dieser Wechsel von der rein akademischen Umgebung Oxfords in ein Zentrum politischer Aktivität war entscheidend für Lockes weiteren Lebensweg – sowohl in praktischer als auch in intellektueller Hinsicht. Das Auf und Ab der Karriere Shaftesburys bestimmte fortan Lockes persönliche Geschicke; und Lockes weitere Entwicklung im Bereich des politischen Denkens und Handelns wurde durch die Erfahrungen in seiner Verbindung mit Shaftesbury geprägt. – Als Arzt tat sich Locke in seiner neuen Umgebung 1668 besonders hervor: Durch eine Operation an einer eiternden Geschwulst an der Leber rettete er Shaftesbury wahrscheinlich das Leben. Locke mußte sich zudem um seine eigene Gesundheit sorgen;

37

die schlechte Luft in London brachte ein Asthmaleiden zum Vorschein, das ihn bis an sein Lebensende nicht mehr verließ. Bisweilen war es für Locke so unerträglich in London, daß er für mehrere Wochen nach Oxford zurückkehrte. Shaftesbury schätzte Locke nach der gelungenen Operation natürlich noch mehr als zuvor und vertraute ihm nun nicht bloß ärztliche Aufgaben an. Locke hatte bald neben erzieherischer Arbeit in bezug auf Sohn und Enkel vor allem die Funktion eines politischen Beraters und Sekretärs zu erfüllen.

Daß Locke hauptsächlich politische Arbeit zu tun bekam, lag insbesondere an dem schnellen Aufstieg Shaftesburys: Seit August 1667 gehörte dieser dem fünfköpfigen königlichen Rat an, durch den Lordkanzler Clarendon ersetzt worden war; Clarendon hatte man für den schlechten Verlauf des Krieges mit Holland verantwortlich gemacht und gestürzt. In dem Rat, der als «Cabal-Ministerium» bekannt wurde, zählte Shaftesbury zu den Fürsprechern religiöser Toleranz. Sein Eintreten für Toleranz verdankte sich aber nicht philosophischen, sondern handelspolitischen Interessen. Wie andere Zeitgenossen sah er Holland als Vorbild an: Aus dem dortigen Nebeneinander von Toleranz und blühendem Handel zog er den Schluß, daß eine Politik religiöser Toleranz in England ebenso zur Verbesserung des Handels beitragen würde. In diesem Zusammenhang beschäftigte sich Locke wieder mit dem Toleranzproblem. Schon durch die Erfahrung erfolgreich praktizierter Toleranz in Kleve hatte sich Lockes Loslösung von der konservativen Einstellung angebahnt. In der politischen Atmosphäre bei Shaftesbury verfaßte er noch 1667 einen *Essay zur Toleranz* [36], in dem er seine neuen Gedanken zum erstenmal systematisch vortrug. Dieser von Locke nicht veröffentlichte Aufsatz enthält bereits zentrale Argumente seines berühmten Toleranzbriefes, der 1689 auf den Markt kam. Hier wie dort tritt Locke dafür ein, daß Protestanten, die von der anglikanischen Staatskirche abweichen («Dissenter»), toleriert werden sollten. Locke sieht wie Shaftesbury die politischen und wirtschaftlichen Vorteile religiöser Toleranz. Zwar gibt es für Locke 1667 noch nicht wie in späteren Jahren ein Recht auf aktiven Widerstand gegen die Obrigkeit; aber im Gegensatz zu den konservativen Abhandlungen von 1660 und 1661 sagt Locke jetzt, daß die Untertanen ihrem Gewissen gemäß zu Ungehorsam berechtigt seien, wenn die Staatsgewalt solche Anordnungen treffe, deren Befolgung eine Sünde wäre.[37] Für Locke sind ab 1667 nicht mehr Ruhe und Ordnung das Wichtigste in der Politik, sondern die vom Staat zu schützenden individuellen Rechte.[38] Shaftesbury hatte sich zwar lange vor der Bekanntschaft mit Locke für Toleranz ausgesprochen, aber er suchte bei Locke nun argumentative Unterstützung für seine Thesen. – Der Aufsatz von 1667 zeigt, wie sehr sich Locke von seinen puritanischen Ursprüngen in Somerset entfernt hatte. Allgemein gilt, daß der Puritanismus nach der Restauration von 1660 kaum noch von Bedeutung war. In seiner neuen Position zur Toleranzfrage steht Locke

Anthony Ashley Cooper, 1st Earl of Shaftesbury.
Gemälde von John Greenhill, um 1672/73

den zeitgenössischen liberalen Theologen nahe, die man «Latitudinarier» nannte. Diese plädierten für Toleranz gegenüber den Dissentern und strebten an, durch zahlenmäßige Reduktion und weite Auslegung der wesentlichen Glaubensartikel mehr Raum für unterschiedliche Auffassungen in der Staatskirche zu schaffen. Mit den Schriften dieser Denker setzte sich Locke nach und nach kritisch auseinander. Latitudinarier wie Chillingworth, Tillotson und besonders die Cambridger Platoniker (Ralph Cudworth, Henry More, John Smith) behandelten in ihren Schriften überdies Probleme aus der theoretischen Philosophie. Für die Cambridger Platoniker ist bezeichnend, daß sie zur Begründung ihrer gegen Hobbes gerichteten antimaterialistischen Lehren sowohl neuplatonische als auch cartesianische Gedanken aufnahmen. – Lockes Lebensbereich in London zeitigte des weiteren eine Auseinandersetzung mit ganz neuen Problemstellungen. Nachdem Shaftesbury 1668 innerhalb des Cabal-Ministeriums zum Schatzkanzler aufgestiegen war, widmete sich Locke im-

London. *Zeitgenössischer Stich*

mer mehr wirtschaftlichen und finanzpolitischen Fragen und lernte einiges über die Bedeutung ökonomischer Zusammenhänge für die Politik. Vermutlich auf Wunsch Shaftesburys arbeitete er 1668 eine Abhandlung zum Problem der staatlichen Regulierung des Zinssatzes aus. Hier setzt sich Locke wie in der Religionspolitik für möglichst wenig staatliche Intervention ein. Die Schrift ist der erste Teil von Lockes ökonomischem Hauptwerk, das allerdings erst 1692 im Druck erschien.[39] Das durch Shaftesbury geweckte Interesse an der Ökonomie blieb Locke zeitlebens erhalten. – Shaftesburys wirtschaftliche Ambitionen erstreckten sich sogar auf die nordamerikanischen Kolonien; er interessierte sich vornehmlich für die Provinz Carolina, die Karl II. ihm und anderen Lords zur Kolonisation übergeben hatte. 1669 erstellten Locke und Shaftesbury gemeinsam einen Verfassungsentwurf für die neue Provinz, der sich aber nicht durchsetzen konnte.[40] Durch Shaftesbury wurde Locke dazu ermuntert, als Sekretär für die Eigentümer von Carolina zu arbeiten – eine Funktion, die Locke von 1671 bis 1675 ausübte.

Der Wechsel zu Shaftesbury bedeutete keineswegs, daß Locke sich in seinem Denken nun ganz auf medizinische, erzieherische, politische und wirtschaftliche Probleme konzentrierte. Neben seinen mannigfachen Aufgaben im Haus Shaftesburys fand Locke Zeit, einen Diskussionskreis zu gründen, der sich regelmäßig bei Wein in seinem Zimmer im Exeter House traf, um naturwissenschaftliche, theologische und philosophische Themen zu besprechen. Zu den Teilnehmern gehörten außer Shaftesbury

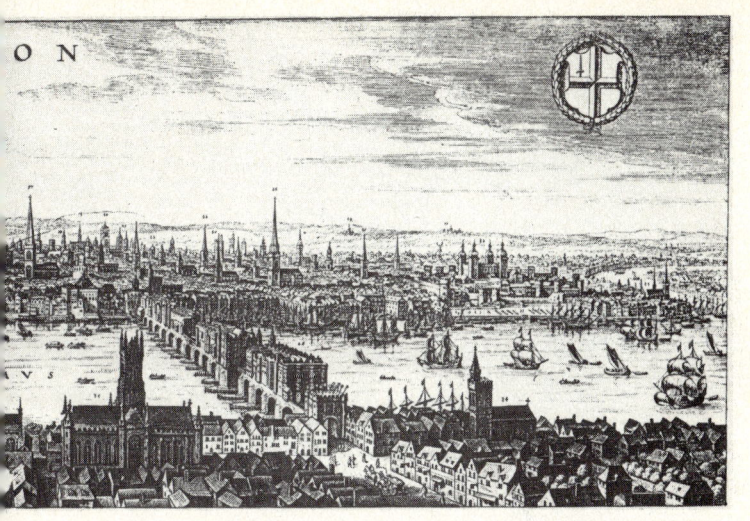

auch Thomas Sydenham und Lockes Oxforder Freund James Tyrrell. Aus diesen Treffen gingen 1671 Lockes erste Entwürfe zu seinem *Essay über den menschlichen Verstand* hervor.[41] In letzterem bemerkt Locke: *Dürfte ich Sie mit der Entstehungsgeschichte dieses Essays belästigen, so würde ich Ihnen erzählen, daß sich fünf oder sechs Freunde in meinem Zimmer trafen und ein Thema erörterten, das von dem gegenwärtigen sehr weit abliegt; dabei kamen sie durch Schwierigkeiten, die sich von allen Seiten erhoben, bald zu einem Stillstand. Nachdem wir uns eine Zeitlang abgemüht hatten, ohne einer Lösung der uns verwirrenden Zweifel irgendwie näherzukommen, kam mir der Gedanke, daß wir einen falschen Weg eingeschlagen hätten und daß es notwendig sei, vor Beginn solcher Untersuchungen unsere Fähigkeiten zu prüfen und zu verstehen, mit welchen Gegenständen der Verstand geeignet ist sich zu befassen. Dies trug ich der Gesellschaft vor, und alle stimmten mir bereitwillig zu. Daraufhin kamen wir überein, daß der erwähnten Frage unsere erste Untersuchung gelten sollte. Einige flüchtige und unausgereifte Gedanken, die ich für unser nächstes Treffen über dieses vorher von mir noch nicht erwogene Thema zu Papier brachte, gaben den ersten Anstoß zu der vorliegenden Abhandlung.*[42] Die überlieferten Entwürfe von 1671, die aus diesen ersten *unausgereiften Gedanken* entstanden, belegen ebenfalls, daß für Locke seit dieser Zeit die Frage nach dem menschlichen Erkenntnisvermögen das Hauptthema im Bereich der theoretischen Philosophie war. Während Locke in den frühen Abhandlungen zur «lex naturae» bloß dem Problem nachgegangen war,

An Essay concerning (3)

The Understanding. Knowledge,
Opinion,
~~Belief~~ & Assent

1 § Since it is the Understanding y̌ that ſets
man above ... ſenſible beings & gives
him all that dominion wch he hath over them
it is certainly a ſubiect even for its nobleneſs
worth our labour to enquire into, & w^ch
perhaps hath been leſs ſeriously conſidered then
then y̌ worth of the thing & ys nearneſs it
hath to us seems to require. The underſtanding
like the + eye whilſt it makes us ſee
& perceive all other things, takes noe notice
of it ſelf, & it requires art &
pains to ſet it at a diſtance from it ſelf
& make it its owne obiect. But what
ever be the difficulty that lyes in y̌ way of
this enquiry ... What ever it be y̌ keeps us
ſoe much in the dark to our ſelves ſure I am
that all the light we can let in upon our
own minds all y̌ acquaintance we can
make with our own underſtandings will
not only be very pleaſant, but bring us great

Erste Seite aus Lockes zweitem Entwurf zum Essay über den menschlichen Verstand (Draft B, 1671)

auf welche Weise wir das als gegeben vorausgesetzte Naturgesetz erkennen können, stand von nun an als Grundlage aller weiteren Untersuchungen die Frage nach der Möglichkeit menschlicher Erkenntnis überhaupt

im Vordergrund. Wie im Toleranzaufsatz von 1667 gegenüber den konservativen Traktaten von 1660 und 1661 das Schwergewicht auf das Individuum und seine Rechte verlagert wurde, so wird in ähnlich subjektiver Wendung in den Entwürfen von 1671 der Schwerpunkt auf das erkennende Subjekt und dessen Vermögen gelegt.[43] – Lockes Korrespondenz und Tagebüchern ist zu entnehmen, wie sich seine erkenntnistheoretischen Überlegungen in der Folgezeit zu der Gestalt weiterentwickeln, in der wir sie schließlich im *Essay über den menschlichen Verstand* vorfinden.

Im Oktober 1672 konnte Locke mit einer Gruppe um die Witwe Lady Northumberland für ein paar Wochen Urlaub in Frankreich machen. In den Monaten und Jahren nach seiner Rückkehr überstürzten sich die politischen Ereignisse in England. Shaftesbury war seit November 1672 Lordkanzler und bekleidete damit das höchste Ministeramt im Staat. Für Locke bedeutete dies, daß er in gesteigertem Maße für die politische Arbeit Shaftesburys in Anspruch genommen wurde. Offiziell erhielt er eine Stelle (Secretary of Presentations), in der er sich um kirchenpolitische Fragen zu kümmern hatte. – Als er das Lordkanzleramt übernahm, wußte Shaftesbury noch nicht, daß König Karl II. bereits eine Geheimdiplomatie mit Frankreich betrieb. Karl, der ohnehin dem Katholizismus zuneigte und sich finanziell vom Parlament unabhängig machen wollte, hatte im Mai 1670 einen Geheimvertrag mit Ludwig XIV. von Frankreich geschlossen. In diesem Vertrag hieß es, daß Karl gegen finanzielle und eventuell erforderliche soldatische Unterstützung in naher Zukunft zum Katholizismus übertreten würde; hierin befand sich auch der Plan einer Wiedereinführung der unbeschränkten Monarchie sowie einer Rekatholisierung und Unterwerfung Englands unter Frankreich. Außerdem war Karls Bruder und Thronerbe Jakob von York bereits mit Karls Einverständnis katholisch geworden. Shaftesbury erfuhr 1673 von dem Geheimvertrag und wurde in seiner antiabsolutistischen Einstellung zu einem erbitterten Gegner Frankreichs und des Katholizismus. Dies wiederum hatte zur Folge, daß er noch im November desselben Jahres das Lordkanzleramt verlor und ins Lager der Opposition geriet; seine politische Bedeutung litt kaum darunter. Denn er wurde nun zum Führer einer großen antikatholischen und antifranzösischen Fraktion im Oberhaus – und das heißt: zu einem mächtigen Gegner der königlichen Politik. – Noch vor Shaftesburys Verlust der Lordkanzlerschaft bekam Locke eine neue Stelle als Sekretär in einem Rat für Handelsfragen (Council of Trade and Plantations), in dem man sich hauptsächlich Problemen des Handels mit den Kolonien widmete; Shaftesbury hatte diesen Rat seinen handelspolitischen Interessen gemäß während Lockes kurzem Frankreich-Aufenthalt einrichten lassen. Doch Locke übte seine Funktion dort nur bis Ende 1674 aus; denn das Cabal-Ministerium trat zurück, und der nun mächtigste Politiker am Hof, Graf Danby, löste den Rat auf und übertrug dessen Aufgaben einem Ausschuß des Geheimen Staatsrats (Privy Council). –

Shaftesbury formierte inzwischen die Opposition: Er gründete seinen Green Ribbon Club, aus dem später die Whig-Partei hervorging. Hauptgegner der Opposition war der tonangebende Danby. Während der König selbst weiter auf seine Verbindung mit Frankreich vertraute, suchte Danby ihn durch Sparmaßnahmen und erhöhte Steuern sowohl vom Parlament als auch von Frankreich unabhängig zu machen. So ergab sich, daß Frankreich und die Opposition in England ein gemeinsames Nahziel hatten: den Sturz Danbys. Die sonst grundsätzlich antifranzösisch eingestellte Opposition nahm daher bald ebenfalls Verbindung zu Frankreich auf; und Frankreich war bereit, die Gruppe um Shaftesbury zu unterstützen, sofern diese ihre antifranzösische Haltung mäßigte.[44] Es entstand die komplizierte Situation, daß mit je unterschiedlicher Absicht sowohl der König als auch seine politischen Gegner geheime Beziehungen zu Frankreich unterhielten. In der öffentlichen Diskussion forderte die Opposition in Reden und einer Reihe von Pamphleten die Auflösung des Parlaments und Neuwahlen. Shaftesbury arbeitete unter Mithilfe Lockes ein solches Pamphlet aus, das Anfang November 1675 anonym publiziert wurde und beträchtliches Aufsehen erregte.[45] In dieser Schrift wird unter anderem auch vor dem Plan gewisser Politiker gewarnt, die absolute Monarchie in England einzuführen. Wenige Tage nach Erscheinen des Pamphlets erhielt ein Ausschuß des Oberhauses den Auftrag, den Autor zwecks Bestrafung ausfindig zu machen. Die Suche war nicht erfolgreich; aber einige waren davon überzeugt, daß der Verfasser John Locke sei. Dieser plante auf einmal, nach Frankreich zu reisen. Nachdem das besagte Pamphlet am 10. November öffentlich vom Henker in London verbrannt worden war, packte Locke in größter Eile seine Sachen und verließ England bereits am 12. desselben Monats – sogar ohne den Erhalt einer Halbjahresmiete abzuwarten, die sein Onkel Peter Locke für ihn in Somerset eingezogen hatte. Während Shaftesbury in London immer mehr in Gefahr geriet, hielt sich Locke für die nächsten dreieinhalb Jahre in Frankreich auf. Die geheimen Verbindungen der Opposition zu Frankreich kamen kurz nach Lockes Ankunft zustande; als Locke 1679 nach England zurückkehrte, hatte die Opposition ihr Ziel, nämlich den Sturz Danbys, gerade erreicht. Es ist jedoch bis heute ungeklärt, ob und in welcher Weise Locke in Frankreich als politischer Agent für die Partei Shaftesburys tätig war. Weder Lockes Biograph Maurice Cranston noch Richard Ashcraft, dem wir einige neue Erkenntnisse über Lockes politisches Engagement verdanken, können hier mehr als vermuten.[46] Es gibt aber keinen Grund, zu bezweifeln, daß Locke von der Richtigkeit der politischen Ziele Shaftesburys wirklich überzeugt war und daß er nicht bloß aus Loyalität gegenüber seinem Vorgesetzten an dem folgenreichen Pamphlet mitgearbeitet hatte. Durch die ihm ermöglichte Einsicht in die politischen Zusammenhänge und Entwicklungen war Locke das jugendliche Vertrauen in absolute königliche Autorität gründlich abhanden gekommen: er sah sich veranlaßt, das Problem der Legitimität politischer Autorität neu zu durchdenken.

Gegenüber Freunden und Bekannten begründete Locke den Frankreich-Aufenthalt mit seinem schlechten Gesundheitszustand, für den er sich durch die Reise Besserung erhoffe. Und tatsächlich ließ sich Locke nach nur zehn Tagen in Paris vorerst im südfranzösischen Montpellier nieder, das als Kurort für Lungenkranke bekannt war. Von hier unternahm er gelegentlich Ausflüge in die Provence und in das Languedoc. In einem Brief beklagte sich Locke über die Mühsal des Reisens in Frankreich; aber es gab auch Lichtblicke, zum Beispiel in Tilliard: *Gutes Hammelfleisch und ein gutes Abendessen hier, frische ländliche Bettwäsche und ein hübsches Mädchen, das sie aufträgt... entschädigten uns etwas für die Leiden der vergangenen Nacht. Seien Sie nicht erstaunt darüber, daß ein Mann von meiner Konstitution und meinem Ernst ein hübsches Gesicht in seinen Bemerkungen erwähnt; denn ich denke, daß ein Reisender, obgleich er einen Husten mit sich schleppt, noch nichts Unangemessenes tut, wenn er merkwürdigen und außergewöhnlichen Dingen seine Beachtung schenkt.*[47] In der Tat verbesserte sich Lockes Gesundheitszustand kaum. Freunde in England meinten, das beste Heilmittel sei, «nach England zu kommen und eine junge Frau zu heiraten»[48]. – Wie politisch die Frankreich-Reise auch immer motiviert gewesen sein mag, Locke fand genügend Zeit, sich wieder intensiv der Gelehrtenwelt zu widmen. In diesem Zusammenhang lernte er hier zum Beispiel den berühmten Arzt Dr. Barbeyrac und den Cartesianer Pierre Sylvan Regis kennen. Locke machte sich mit allen neuesten und wichtigsten französischen Publikationen zur Naturwissenschaft, Theologie, Philosophie, Erziehung, Geschichte und Reiseliteratur vertraut; eine besondere Vorliebe entwickelte er für die Schriften Blaise Pascals. Lockes Reisetagebuch bezeugt, daß er weiter über Probleme aus seinen Entwürfen zum Thema des menschlichen Verstandes nachdachte. Nicht wenige der Tagebuchnotizen aus den Jahren 1676 bis 1679 kehren in modifizierter Form im fertigen *Essay* wieder. Locke nahm Französischunterricht, und seine Kenntnisse verbesserten sich so schnell, daß er bald daranging, drei der damals vielgelesenen «Essais de Morale» von dem Jansenisten Pierre Nicole ins Englische zu übersetzen. Locke veröffentlichte diese Übertragungen nicht, sondern schenkte das Manuskript bei seiner Rückkehr der Gräfin Shaftesbury. Für den Grafen selbst trug er Beobachtungen zum Obst- und Weinanbau in Frankreich zusammen.[49]

Mit Freunden aus dem Kreis um Shaftesbury stand Locke kontinuierlich in brieflichem Kontakt: Anfang 1677 erhielt er so die Nachricht von Shaftesburys Verhaftung. Als das Parlament nach fünfzehn Monaten wieder zusammengekommen war, hatte Shaftesbury gleich die lange Vertagung des Parlaments für ungesetzlich erklärt und angedeutet, das gegenwärtige Parlament sei daher faktisch als aufgelöst zu betrachten. Diese Äußerungen brachten Shaftesbury ein Jahr Haft im Tower ein. Die Haftbedingun-

Paris. Stich von Gaultier, um 1607

gen waren jedoch alles andere als hart, und Shaftesbury sah keinen Anlaß, Locke nach England zurückholen zu lassen. Im Gegenteil: er hatte
neue Aufgaben für Locke in Frankreich. Shaftesburys wohlhabender
Freund Sir John Banks wünschte, sein Sohn Caleb möge zu Bildungs-
zwecken einige Monate in Frankreich verbringen; und Locke sollte die
erzieherische Aufsicht übernehmen. Dieser sagte zu und traf sich im Juni
1677 mit Caleb Banks in Paris. Caleb ließ sich von dem Philosophen ins
Theater und zu den verschiedenen Sehenswürdigkeiten von Paris führen.
Aber Paris konnte auch Locke einiges bieten; denn es hatte sich speziell in
den vergangenen zehn Jahren zu einem Zentrum wissenschaftlicher Akti-
vitäten entwickelt. So wurde seit 1665 von hier die gelehrte Zeitschrift
«Journal des Savants» herausgegeben; und seit 1666 gab es die wichtige
naturwissenschaftliche Institution «Académie des Sciences». In Paris
lernte Locke den Philosophen François Bernier kennen, der 1678 gerade
seine achtbändige Zusammenfassung der Philosophie Gassendis heraus-
brachte und Locke ein Exemplar schenkte.[50] Locke erhielt Zutritt zum
Salon Henri Justels, einem Treffpunkt der Intellektuellen in Paris; hier
wurde er unter anderen mit dem Gelehrten Nicolas Thoynard (auch
«Toinard» geschrieben) bekannt, mit dem er hernach noch viele Jahre
korrespondierte. Im Juli 1678 reisten Locke und Caleb Banks in Richtung
Südfrankreich. Bei Ausflügen, die sie von Bordeaux aus unternahmen,

sprach Locke mit den Bauern und nahm mit Entsetzen die große Armut der Landbevölkerung im absolutistischen Staat zur Kenntnis: *Ihre gewöhnliche Nahrung, Roggenbrot und Wasser. Fleisch füllt nur selten ihre Töpfe: Zwischen Fleisch- und Fasttagen können sie keinen Unterschied machen... Und dann sagt man, daß die Bauern in verschiedenen anderen Teilen Frankreichs noch viel elender dran sind als diese.*[51] – Gegen Ende Oktober planten Locke und sein Schüler, von Lyon aus nach Italien zu reisen. Widrige Umstände machten diesen Plan jedoch zu Lockes erheblicher Enttäuschung zunichte: *Wenn die ganze Welt nach Rom gehen sollte, ich glaube, ich würde nie hinkommen; zweimal war ich fest entschlossen... und ebenso viele Male wurde es vereitelt. Mit demselben Vorhaben kam ich in größter Eile von Montpellier... hierher: Aber der alte Vater Winter, bewaffnet mit all seinem Schnee und Eis, hält Wacht am Mont Cenis und will mich nicht hinüberlassen.*[52] – Positiv war der Aufenthalt in Lyon insofern, als Locke dort auf den gebürtigen Schweizer Sylvanus Brounower traf, von dem er so angetan war, daß er ihn als seinen Gehilfen

Blaise Pascal.
Zeitgenössischer Kupferstich

Notiz Lockes in der von ihm selbst entwickelten Kurzhandschrift zur Methode seiner Übersetzung von Nicoles «Essais de Morale»

anstellte; Brounower sollte bis 1696 in Lockes Diensten stehen. Zu dritt kehrte man nun nach Paris zurück, wo Locke sich wieder in den Intellektuellenzirkeln bewegte. Im Frühjahr 1679 wurde er aber von Shaftesbury nach London gerufen.

Shaftesbury lebte seit 1676 zentraler im Thanet House, Aldersgate Street; und dies wurde auch Lockes neuer Wohnsitz. – Die allgemeine politische Situation spitzte sich jetzt immer mehr zu; scheinbare und wirkliche Verschwörungen, Lügen und gefälschte Dokumente waren an der Tagesordnung. In diesen Wirren blieb Locke politisch und persönlich fest an der Seite Shaftesburys. Dieser war für kurze Zeit noch einmal an die Macht gelangt: Nach Danbys Sturz hatte Karl II. einen Rat eingesetzt, dem Shaftesbury als Präsident angehörte. Shaftesbury verfolgte hier weiter seine antikatholische, an «Englands Freiheiten» ausgerichtete Politik: Er suchte eine gesetzliche Regelung durchzusetzen (die «Exclusion Bill»), mit der Karls katholischem Bruder Jakob von York (und allen Katholiken) das Thronfolgerecht aberkannt werden sollte. Dabei schien er zunächst eine antikatholische Hysterie ausnutzen zu können, die seit Ende 1678 in der Bevölkerung aufgekommen war: Ein gewisser Titus Oates hatte mit Erfolg die Legende einer «papistischen Verschwörung» an die Öffentlichkeit gebracht; hiernach wurde von «papistischer» Seite geplant, König Karl II. zu töten, um Jakob von York auf den Thron zu bringen und auf diese Weise die Rekatholisierung Englands in die Wege zu leiten. Durch die Lügengeschichte des Titus Oates griffen Angst und Mißtrauen um sich; eine Katholikenverfolgung großen Ausmaßes war die Folge. Shaftesbury kam dies gelegen; denn im Gegensatz zu Titus Oates und der Allgemeinheit wußte er ja von einer wirklichen «papistischen Verschwörung»: dem Geheimvertrag Karls II. mit Frankreich. Shaftesburys Exclusion Bill wurde von Karl natürlich abgelehnt; und es gelang dem König schließlich, durch geschicktes Taktieren nicht nur die Exclusion Bill zu verhindern, sondern auch die öffentliche Meinung wieder auf seine Seite zu bringen. – Für die beiden Parteien, die sich während dieser politischen Kämpfe herausbildeten, wurden die Namen «Whigs» und «Tories» allgemein üblich. Als «Tories» wurden die Anhänger der konservativen Hofpartei bezeichnet, die sich gegen die Exclusion Bill aussprachen; sie hielten das königliche Erbrecht für unantastbar, verfochten die Lehre vom göttlichen Herrscherrecht und das Prinzip, daß der obersten Gewalt kein Widerstand geleistet werden dürfe. Shaftesburys Parteigänger waren die «Whigs»; der Tory-Ideologie stellten sie die Auffassung entgegen, daß politische Macht auf Verträgen beruhe und daß Machtmißbrauch der Obrigkeit zum Widerstand gegen diese berechtige. Im Kontext dieser Auseinandersetzungen begann Locke, sich wieder theoretisch mit dem Problem der Legitimation politischer Autorität zu beschäftigen: Etwa in der Zeit von 1680 bis 1682 verfaßte er den größten Teil seiner erst Jahre später publizierten *Zwei Traktate über die Regierung*[53]. Dieses Werk enthält unter anderem eine philosophische Begründung der politischen Ziele Shaftesburys. – In der politischen Praxis gewannen nunmehr die Tories die Oberhand; die Whigs wurden verfolgt und bespitzelt. Im Sommer 1681 verhaftete man Shaftesbury und klagte ihn des Hochverrats an.

Shaftesbury hatte zunächst Glück, denn ein whiggistisch gesinntes Gericht sprach ihn frei. Kaum wieder in Freiheit schmiedete er revolutionäre Pläne: Er wollte den autoritären Karl II. mit Waffengewalt absetzen lassen und den protestantischen Herzog von Monmouth, der ein unehelicher Sohn Karls war, auf den Thron heben. Doch Shaftesbury schätzte die politische Situation im Land falsch ein; erneut wurde ein Haftbefehl gegen ihn erlassen. Aus Furcht vor nochmaliger Inhaftierung, die diesmal ganz gewiß zu seiner Hinrichtung geführt hätte, floh Shaftesbury Ende 1682 nach Holland, wo er schon im Januar 1683 starb.

Durch diese politische Entwicklung wurde es in England auch für Locke gefährlich, der in die Pläne Shaftesburys zweifellos eingeweiht worden war. Vorerst hatte er jedoch neben seiner Arbeit noch Zeit für neue persönliche Bekanntschaften: Gegen Ende 1681 lernte er Damaris Cudworth kennen; ihr war er künftig, besonders während seiner letzten fünfzehn Lebensjahre, in einem engen Vertrauensverhältnis zugetan. Keine Person stand Locke über einen gleichlangen Zeitraum so nahe wie sie. Damaris war die Tochter des Cambridger Platonikers Ralph Cudworth; dieser hatte 1678 sein riesiges philosophisches Hauptwerk publiziert, mit dem sich Locke Anfang der achtziger Jahre auseinandersetzte.[55] Damaris Cudworth war ebenfalls überaus belesen und philosophisch gebildet; sie brachte später zwei eigene Publikationen heraus und korrespondierte mit führenden Gelehrten Europas, zum Beispiel auch mit Leibniz.[55] Locke war von ihren intellektuellen Fähigkeiten sehr beeindruckt. Freilich diskutierten die beiden keineswegs bloß über philosophische Themen; sie schrieben einander Liebesbriefe und tauschten Verse aus. Locke konnte wieder seiner alten Vorliebe für Deck- und Spitznamen frönen: Er war für Damaris «Philander», sie für ihn «Philoclea». Es scheint so gewesen zu sein, daß zunächst Philoclea Liebe, Philander aber nur Freundschaft wünschte, dann aber, als Philanders Gefühle zu Liebe wurden, Philoclea ein bloß freundschaftliches Verhältnis wollte.[56] – Dies mag den Philosophen sehr bekümmert haben; aber er hatte inzwischen noch ernstere Sorgen. Seit etwa Ende 1680 wurde er als Whig und Vertrauter Shaftesburys von der Gegenseite beschattet. Ein gewisser Humphrey Prideaux machte es sich zur Aufgabe, den Unterstaatssekretär John Ellis über Lockes Tätigkeiten zu informieren. Locke verhielt sich jedoch derart vorsichtig, daß Prideaux nicht viel herausfand. Im März 1682 schrieb dieser über Locke: «...niemand weiß, wohin er geht oder wann er geht oder wann er zurückkommt. Sicherlich steckt eine Intrige der Whigs dahinter, aber von ihm selbst hört man hier kein Wort über Politik, keine Nachrichten und nichts über die gegenwärtigen Ereignisse, als ob er mit ihnen überhaupt nichts zu tun hätte.»[57] Die Hatz auf die Whigs verschlimmerte sich noch, als man 1683 eine von einigen Whigs angezettelte Verschwörung aufdeckte, nach der der König und sein katholischer Bruder bei Rye House in Hertfordshire entführt und ermordet

*Ralph Cudworth. Stich als Frontispiz zu R. Cudworth «A Treatise
Concerning Eternal and Immutable Morality», London 1731.
Das Porträt seiner Tochter Damaris ist verschollen*

werden sollten. Namhafte Führer der Whigs wurden nun verhaftet und
hernach hingerichtet; unter ihnen war der Staatstheoretiker Algernon Sid-
ney – auch deshalb, weil man bei ihm das Manuskript seiner Abhandlung
gefunden hatte, in der er die politischen Prinzipien der Whigs verteidigte.[58]
Dies war Locke eine zusätzliche Warnung; denn er besaß ja mit seinem Text
der *Zwei Traktate* ein ähnliches Manuskript. Da Locke seines Lebens in
England nicht mehr sicher sein konnte, blieb ihm keine Wahl: er mußte ins
Ausland fliehen. – Viele seiner Papiere verbrannte Locke vor seiner Abreise, andere überließ er einem vertrauenswürdigen Freund und Whig in
Somerset: Edward Clarke. Dieser Clarke hatte 1675 eine Cousine Lockes
geheiratet; die Freundschaft zwischen Locke und Clarke scheint sich jedoch erst Anfang der achtziger Jahre entwickelt zu haben. Clarke übernahm es auch, sich während Lockes Abwesenheit um dessen finanzielle
und andere persönliche Angelegenheiten zu kümmern. Locke wird oft
und nicht ganz zu Unrecht als übervorsichtig in seinem Verhalten gegen-

über den Mitmenschen charakterisiert. Eine gewisse Vorsicht war aber angesichts der politischen Lage häufig erforderlich; seinen wahren Freunden schenkte Locke ohne Zögern sein ganzes Vertrauen. Unter den gegebenen politischen Umständen hielt Locke es für angebracht, noch vor der Abreise sein Testament zu machen – er gab es ebenfalls in die Obhut Edward Clarkes.

Wie vor ihm Shaftesbury entschied sich Locke, nach Holland zu gehen. Er kam im September 1683 dort an und ließ sich vorläufig in Amsterdam nieder. Daß Locke gerade hier sein Exil suchte, verdankte sich keinem Zufall. Im 17. Jahrhundert diente das liberale Holland einer Vielzahl von religiösen Nonkonformisten und politischen Flüchtlingen als Zufluchtsort. In den achtziger Jahren wurde es zu einem Sammelbecken der englischen Oppositionellen und Revolutionäre, die von hier aus ihre Umsturz-

Ausschnitt aus einem Gedicht Lockes an Damaris Cudworth

But they disdain could not yet move
The Constancy of Damons love
Her hand in his he gently took
And with a kinde but dying looke
He thus replyd.
If Conquest hardly gaind doe shew
y^u noe thing to y^e conquerd owe.
Much doubt she of her charmes must have
Who would owe all unto her slave
Robbers may boast an easy prize
Resistance sets off victory
And she has none or knows not how to use
Her power that none but willing hearts subdue.

John Locke. Zeichnung von Sylvanus Brounower, um 1685

pläne schmiedeten. Die englische Regierung entsandte indessen Spione nach Holland, um sich über die Vorhaben der Opposition zu informieren. – Seine persönliche Situation muß Locke anfangs als äußerst unangenehm empfunden haben: Er hatte zwar seinen Gehilfen Brounower nach Amsterdam mitgebracht, aber mit Freunden wie Edward Clarke und seiner Philoclea konnte er nur noch brieflich im Gespräch bleiben; wann er wieder nach England kommen würde, war noch völlig ungewiß. Es steht fest, daß Locke hoffte, bald zurückkehren zu können. Als notwendige Bedingung seiner Rückkehr sah er die Veränderung der politischen Verhält-

Edward Clarke. Gemälde von John Greenhill (?), um 1673

nisse in seiner Heimat an. In Holland suchte Locke zu dieser Veränderung beizutragen. Von Beginn an verkehrte er in den revolutionären Zirkeln, die er möglicherweise auch finanziell unterstützte. Shaftesburys Tod war für ihn kein Grund, sich aus der Politik zurückzuziehen; Locke hatte sich längst selbst für die Sache der Whigs engagiert. Kaum in Amsterdam, pflegte er bereits Kontakt zu Thomas Dare, der zu den wichtigsten Führern der englischen Opposition in Holland gehörte. Dare fungierte als Sekretär des Herzogs von Monmouth, den schon Shaftesbury auf den Thron hatte setzen wollen und mit dem die radikalen Whigs weiterhin eine Revolution planten. Lockes Briefwechsel mit Clarke enthält in verschlüsselter Form (da Post oft von Regierungsbeamten abgefangen wurde) einen Informationsaustausch über den geplanten Monmouth-Aufstand.[59] Auch in Holland verhielt sich Locke sehr vorsichtig, denn er war noch nicht außer Gefahr. Im November 1684 wurde er auf Befehl des Königs in absentia vom Christ Church College in Oxford ausgeschlossen; man warf ihm seine Verbindung mit Shaftesbury, regierungsfeindliche

Mary Clarke, geb. Jepp

Tätigkeit und Kontakt zu «Verrätern» in Holland vor. Locke war verständlicherweise sehr verärgert; er sollte nach dem Ausschluß vom Christ Church College keineswegs seine Ruhe haben. – In England trat ein, was Shaftesbury und die Whigs hatten verhindern wollen: Nach dem Tod Karls II. im Februar 1685 bestieg Karls Bruder als Jakob II. den englischen Thron; ein Katholik war nun Oberhaupt des Staates und mithin der anglikanischen Kirche. Mit Unterstützung der radikalen Opposition in Holland führte eine Armee um den Herzog von Monmouth einen erfolglosen Aufstand durch: Monmouth wurde verhaftet und hingerichtet. Jakob II. ging daran, hemmungslos die von den Whigs befürchtete Rekatholisierungspolitik zu betreiben, und er intensivierte die Verfolgung Oppositioneller: Lockes Freund Edward Clarke wurde im Juni 1685 mit der Begründung verhaftet, er korrespondiere mit «Verrätern» in Holland; Clarke hatte jedoch Glück und wurde wieder freigelassen. Der neue König ließ eine Liste mit den Namen angeblicher Verschwörer nach Holland gehen und forderte die Magistrate der Städte auf, die genannten

VIII ♥

Bonfires made the 26 of July all night being the thanksgiving for the Victory 1685

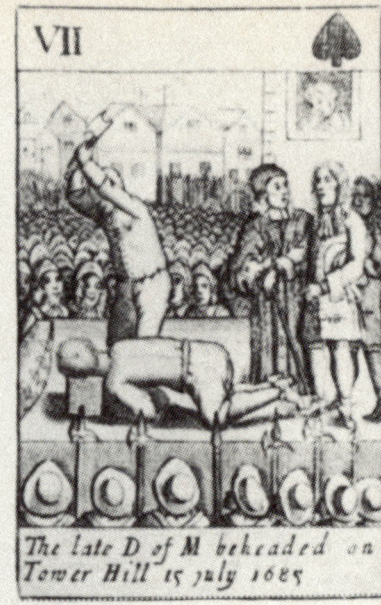

VII ♠

The late D of M beheaded on Tower Hill 15 july 1685

II ♥

Severall Rebells tryed in the West.

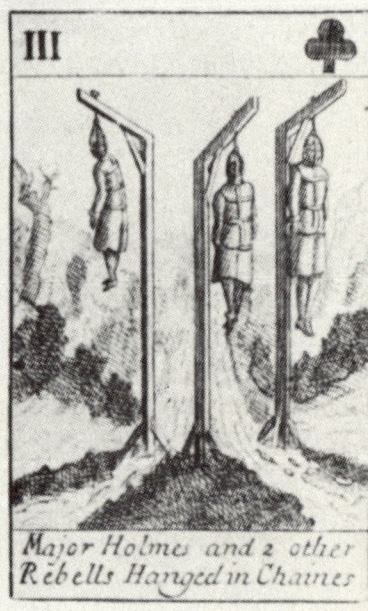

III ♣

Major Holmes and 2 other Rebells Hanged in Chaines

Zeitgenössische Spielkarten, hergestellt zur Feier der Niederschlagung des Monmouth-Aufstands 1685

Personen festzuhalten und an England auszuliefern. Auch John Locke gehörte zu den Aufgelisteten. Er war also selbst in Holland nicht mehr sicher, nahm verschiedene falsche Namen an («Dr. van der Linden», «John Lynne»)[60] und versteckte sich im Haus eines neuen holländischen Freundes, das er für einige Zeit nur bei Dunkelheit verließ.

In dieser Einsamkeit erhielt Locke eine weitere schlechte Nachricht aus der Heimat: Von Damaris Cudworth hörte er im August, daß sie Sir Francis Masham geheiratet hatte und jetzt in dessen Landhaus in Essex als Lady Masham lebte. Damaris wollte die Freundschaft zu Locke auf jeden Fall aufrechterhalten: «...denn ich hoffe, es liegt kein Widerspruch darin, daß ich weiter dieselbe Philoclea bleibe und mich dennoch bemühe, meine Pflicht als Lady zu erfüllen.»[61] Lockes Reaktion auf die Nachricht ist nicht überliefert; aber es scheint, daß er zunächst einigermaßen verbittert geantwortet hatte, bevor er sich mit dem nun endgültig bloß freundschaftlichen Verhältnis abfand.[62] – In seinem Versteck war Locke zwar einsam; ansonsten gefiel es ihm im vergleichsweise wohlhabenden Holland gut: Gesundheitlich ging es ihm besser, und er machte außerhalb der revolutionären Zirkel persönliche Bekanntschaften, die mehr der Gelehrtenwelt als der Politik zuzurechnen sind. Sein bester holländischer Freund, der ihn auch oft in seinem Versteck besuchte, war Philippus van Limborch, Theologieprofessor am Seminar der Remonstranten in Amsterdam. Die Remonstranten waren ähnlich wie die Latitudinarier in England eine liberale religiöse Gruppierung, die sich für Toleranz in Glaubensfragen und eine Reduzierung der wesentlichen Glaubensartikel aussprach. Als Limborch Anfang 1684 Locke kennenlernte, arbeitete er gerade an einem umfangreichen theologischen Werk, das religionsphilosophisch Gemeinsamkeiten mit Lockes Position aufweist.[63] Überhaupt hatte das relativ freizügige Holland dem Gelehrten einiges zu bieten. Im Sommer 1684 besuchte Locke auf einer Rundreise durch die holländische Republik die Universität Leiden, wo er sich vom modernen Stand des dortigen medizinischen Unterrichts beeindrucken ließ. Vor allem war Holland das wichtigste Bücherzentrum Europas; und Locke erweiterte dementsprechend seinen Bestand an wissenschaftlichen Werken vom europäischen Kontinent beträchtlich. Seine eigenen Bücher hatte Locke in England zurücklassen müssen; aber er konnte außer den neugekauften Bänden natürlich die Bibliotheken seiner holländischen Freunde für seine Arbeit benutzen. Als Locke einundfünfzigjährig nach Holland gekommen war, hatte er noch nichts von Belang publiziert. Erst hier fand er Zeit und Ruhe, aus seinen Vorarbeiten und Entwürfen einige der Bücher fertigzustellen, die seinen Ruhm begründen sollten. Dies gilt hauptsächlich für den *Essay über den menschlichen Verstand*: gegen Ende des Jahres 1686 hatte Locke dieses Buch im wesentlichen schon in die Form gebracht, in der es drei Jahre später erschien. Im Winter 1685/86 faßte Locke für Limborch den *Brief über Toleranz* ab, der in-

Philippus van Limborch.
Zeitgenössischer Stich

haltlich in seinem *Essay zur Toleranz* von 1667 wurzelt. Die erst 1693 veröffentlichten *Gedanken zur Erziehung* gehen auf Briefe über pädagogische Fragen zurück, die Locke seit 1684 aus dem holländischen Exil an Edward Clarke schrieb. Clarke hatte Locke um Ratschläge zur Erziehung seines damals achtjährigen Sohnes und Erben gebeten. Viele Passagen aus den Briefen kehren hernach wörtlich in der Publikation wieder. Die *Zwei Traktate über die Regierung* hatte Locke bis auf wenige spätere Hinzufügungen und Änderungen schon vor der Abreise nach Holland zu Ende gebracht. – Das erzwungene Exil war nicht nur seiner schriftstellerischen Arbeit dienlich; in Holland begann Locke auch, wissenschaftliche Prosa unter seinem Namen zu publizieren. Hierbei wurde er von dem gebürtigen Genfer Gelehrten Jean Le Clerc unterstützt. Le Clerc gab in Amsterdam seit 1686 die Zeitschrift «Bibliothèque universelle et historique» heraus, in der Rezensionen und Aufsätze theologischen, philosophischen und historischen Inhalts erschienen. Le Clerc engagierte Locke als Mitarbeiter, und dieser veröffentlichte bereits im zweiten Band der «Bibliothèque» einen Aufsatz zu einem Problem der Organisation wissenschaftlichen Arbeitens, seine *Neue Methode Kollektaneen* (wissenschaftliche Sammelhefte) *anzulegen* [64]. Der Aufsatz beruht auf Diskussionen über dieses Thema, die Locke mit seinem französischen Freund Nicolas Thoynard geführt hatte; und er gibt Einblick in Lockes eigene sorgsam-systematische Arbeitsweise. Lockes philosophische Werke gingen ja zum Teil aus Aufzeichnungen in solchen Notizheften hervor.

Im Jahre 1686 konnte sich Locke einstweilen wieder etwas freier bewegen: Als im Mai eine neue Liste mit Namen von Verschwörern erlassen wurde, deren Auslieferung England verlangte, war Lockes Name nicht mehr dabei. Zum Herbst ging Locke nach Utrecht, um dort den Winter zu verbringen; schon den Winter 1684/85 hatte er sich hauptsächlich dort aufgehalten. Utrecht war wie Amsterdam ein Zentrum der revolutionären Opposition gegen Jakob II. Im Oktober/November 1686 versuchte dann auch Belvin Skclton, Gesandter Jakobs in Holland, englische Flüchtlinge in Utrecht festzunehmen; Locke erhielt nur wenige Wochen nach seiner Ankunft von der Stadtverwaltung eine Anordnung, in der er aufgefordert wurde, Utrecht zu verlassen. Es wird heute vermutet, daß Lockes politische Freunde diese Ausweisung veranlaßt hatten, um ihn vor einer drohenden Festnahme durch Skelton oder einen seiner Agenten zu bewah-

Amsterdam im 17. Jahrhundert. Kupferstich

ren. Locke schreibt sofort an Limborch in Amsterdam und bittet diesen, er möge sich um eine neue Unterkunft für ihn bemühen; Locke fährt fort: *Aber achten Sie darauf, daß nichts über eine Ausweisung gesagt oder gedacht wird; ich möchte auf keinen Fall, daß eine solche Darstellung der Angelegenheit ruchbar wird.*[65] Locke hielt sich durchaus für gefährdet; nur wenige Tage nach dem Brief an Limborch schreibt er an Edward Clarke: *Sir, ich habe seit kurzem Ursache, mein Testament zu ändern. Ich bitte Sie daher, mein voriges Testament, versiegelt wie es ist, zu verbrennen und an dessen Stelle dieses sicher aufzubewahren.*[66] – Nach einem kurzen Aufenthalt in Amsterdam zog Locke im Februar 1687 nach Rotterdam; er wurde hier als zahlender Gast im Haus des hochgebildeten englischen Kaufmanns und Quäkers Benjamin Furly aufgenommen, den Locke durch andere Whigs kannte (John Freke und Sir Walter Yonge). Furly, der seit 1659 in Rotterdam lebte, sympathisierte mit den englischen Oppositionellen und hatte bereits einigen von ihnen Schutz in seinem Haus geboten. Locke stand hier Furlys mehr als 4000 Bände umfassende Bi-

Amsterdam: das Alte Rathaus. Gemälde von Pieter Jansz Saenredam

bliothek zur Verfügung. In dieser gelehrten Umgebung gründete Locke wieder einen philosophischen Diskussionskreis; schon in Amsterdam hatte er mit Le Clerc und Limborch einen solchen Kreis nach dem Vorbild der Diskussionsrunde bei Shaftesbury ins Leben gerufen. Außerdem fand Locke in Rotterdam wieder Zeit zum Schreiben; er konnte jetzt seinem *Essay über den menschlichen Verstand* den letzten Schliff geben. Alsbald ging Locke daran, wohlüberlegt die Publikation des *Essay* vorzubereiten. Wegen des großen Umfangs dieses Werkes veröffentlichte er vorab 1688 eine Zusammenfassung in Le Clercs «Bibliothèque» auf französisch; für den privaten Umlauf ließ Locke einen Sonderdruck der Zusammenfassung erstellen.[67] Die Reaktionen seiner Freunde auf diese Publikation waren weitgehend positiv (Boyle, Clarke, Thoynard); allein Philoclea kritisierte ganz im Sinne der Cambridger Platoniker Lockes Zurückweisung der Lehre von den eingeborenen Ideen und Prinzipien.

Locke zog sich bei Furly ganz und gar nicht aus der Politik zurück: Über politische Ereignisse in England informierte er sich durch regelmäßige Lektüre der «London Gazette»; wiederholt traf er sich mit dem radikalen Whig John Freke, der wie Clarke kodierte Briefe politischen Inhalts an ihn schrieb. Und bei Reisen nach Den Haag zwischen August und Oktober 1687 lernte er vermutlich den protestantischen Statthalter der Niederlande, Wilhelm III. von Oranien, kennen. Wilhelm war der wichtigste Gegenspieler des absolutistischen Frankeich und seit 1677 mit König Jakobs ältester Tochter Maria verheiratet, die protestantisch geblieben war. Bei Wilhelm und Maria lagen daher die Hoffnungen der Whigs; denn Maria war noch die rechtmäßige Thronerbin, und die englische Krone würde auf diese Weise bald wieder in protestantische Hand gelangen; Wilhelm war ein Enkel Karls I. und gehörte mithin zur Hälfte dem englischen Königshaus an. – In England trieb Jakob vorläufig seine Rekatholisierungspolitik weiter voran, die auch in der Ämterverteilung zum Ausdruck kam: Katholiken wurden Offiziere in der Armee, und ein Katholik hatte seit 1686 den Oberbefehl über die Flotte. Aus der Sicht der Whigs verfinsterte sich die Lage im Sommer 1688 bedrohlich, weil die Königin einen Sohn und d. h. einen Thronerben gebar. Dies bedeutete, daß Maria nicht die Erbfolge würde antreten können und daß die katholische Herrschaft langfristig festgeschrieben zu sein schien. Die Furcht vor Gegenreformation und absolutistischer Herrschaft nach französischem Muster brachte jetzt Whigs und Tories gemeinsam gegen Jakob auf. Man lud Wilhelm von Oranien offiziell ein, mit einer Armee nach England zu kommen und das englische Volk vom Papismus zu befreien. Wilhelm nahm nicht zuletzt darum an, weil er dadurch England als weiteren Widerpart zu Frankreich gewinnen konnte. Als Wilhelm im November 1688 mit einer gewaltigen Flotte England erreichte, gab Jakob kampflos auf und floh nach Frankreich. Mit Wilhelms Landung begann der von den Whigs so lange herbeigesehnte Umgestaltungsprozeß, der als «glorreiche Revo-

Wilhelm III. Gemälde eines unbekannten Künstlers, 1690–1700

lution» in die Geschichte eingegangen ist: es handelte sich keineswegs um einen bloßen Austausch der Herrscherpersonen. Vor allem war die Gefahr des Absolutismus abgewandt. Und indem Wilhelm und Maria ihr gemeinsames Königtum nicht durch Erbfolgerecht, sondern durch Vertrag mit einem repräsentativen gesetzgebenden Körper zugesprochen bekamen, wurde dem Königtum von Gottes Gnaden praktisch die endgültige Absage erteilt, auch wenn die Tories verbal weiterhin ihre Prinzipien vom göttlichen Herrscherrecht zu verteidigen suchten. Der Weg war frei zur Errichtung einer Staatsordnung, in der die Macht des Oberhaupts davon abhängt, daß die ihr gesetzlich auferlegten Schranken eingehalten werden. Locke, der nach Wilhelms erfolgreicher Landung seine Rückkehr in die Heimat vorbereitete, beklagte, daß der Revolutionsprozeß zu langsam vorangehe. Noch aus Holland schrieb er Clarke, zur Zeit gebe man sich in England zu sehr mit Kleinigkeiten ab, anstatt sich mit wichtigen Dingen, nämlich der Erstellung einer Verfassung, zu beschäftigen; denn *jetzt wird ihnen die Gelegenheit geboten, Heilmittel zu schaffen und zum Schutz der bürgerlichen Rechte, der Freiheit und des Eigentums aller Angehörigen des Staates, eine Verfassung zu errichten, die dauerhaft sein kann.*[68] Als Beitrag zur Vollendung der Revolution in diesem Sinne wird Locke noch 1689 seine im Manuskript schon seit Jahren vorliegenden *Zwei Traktate über die Regierung* publizieren.

Von seinen holländischen Freunden wie Furly, Limborch und Le Clerc mußte sich Locke nun verabschieden; er sollte zwar anders als beabsichtigt nie wieder nach Holland zurückkehren, blieb aber mit seinen Freunden in intensivem brieflichem Kontakt. Im Februar 1689 kam der nun sechsundfünfzigjährige Locke nach fünfeinhalb Jahren Exil auf demsel-

Maria II. Gemälde nach W. Wissing

John Locke. Gemälde von Herman Verelst, 1689

ben Schiff wie die künftige Königin Maria in England an. Seine Habe hatte er mit einem anderen Schiff vorausgeschickt: sie umfaßte sechzehn Kisten, dreizehn davon waren bis an den Rand mit Büchern gefüllt. Gleich nach seiner Ankunft bot man Locke unter der neuen Regierung verschiedene Posten als Botschafter an einem europäischen Hof an (z. B. Brandenburg und Wien). Locke lehnte diese Angebote jedoch unter Verweis auf seinen schlechten Gesundheitszustand ab. Limborch gestand er hingegen, daß der wahre Grund seiner Ablehnung der Wunsch gewesen sei, mehr Zeit für die Gelehrtenwelt zur Verfügung zu haben. Locke gab sich daher mit einer vergleichsweise unbedeutenden Stelle als Mitglied in einer Berufungskommission für Steuerfragen zufrieden («Commissioner of Appeals in Excise»); dieser Posten wurde geringer bezahlt, erforderte dafür aber auch weniger Zeit und nur gelegentlich Lockes Anwesenheit. In der Tat wandte sich Locke in den folgenden Jahren der Gelehrtenwelt zu; gleichzeitig sollte er im England nach der glorreichen Revolution wieder politisch tätig werden. – Locke ließ sich zunächst in London nieder, wo sich sein Gesundheitszustand allerdings durch die schlechte Luft verschlimmerte. Oft sah er sich angesichts starker asthmatischer Hustenanfälle gezwungen, London zu verlassen und zu Freunden aufs Land zu fahren. Im Jahre 1690 besuchte er in Essex mehrmals Damaris Masham, seine Philoclea. Die ländliche Luft bekam seiner Gesundheit gut, und er fühlte sich in der Gesellschaft seiner alten Freundin und deren neuer Familie sehr wohl. Der Sitz der Mashams gehörte zu der kleinen Ansiedlung Oates in der Gemeinde High Laver, ca. 40 Kilometer nördlich von London und zwischen Harlow und Chipping-Ongar gelegen. Im Winter 1690/91 zog Locke schließlich als zahlender Gast ganz zu den Mashams, um hier den Rest seines Lebens zu verbringen; er hatte endlich eine dauerhafte Unterkunft gefunden. Zwar behielt er seine Wohnung in London, da er sich wegen seiner Arbeit bisweilen doch längere Zeit dort aufhalten mußte; aber sein Hauptwohnsitz war nun das von einem Wassergraben umgebene Haus der Mashams in Oates, wohin er auch seinen Gehilfen Sylvanus Brounower mitnahm. Locke erhielt zwei Räume bei den Mashams – ein Schlafzimmer und ein Arbeitszimmer, das er mit seinen Büchern und wissenschaftlichen Instrumenten (darunter ein Teleskop) anfüllte.

Vor dem Umzug nach Oates veröffentlichte Locke im Jahre 1689 drei seiner wichtigsten philosophischen Werke. Im April des Jahres erschien in lateinischer Sprache der *Brief über Toleranz* in Gouda. Noch im selben Jahr brachte William Popple, den Locke möglicherweise während seines Frankreich-Aufenthalts kennengelernt hatte, eine englische Übersetzung dieser Schrift heraus. In London und auf englisch publizierte Locke im Oktober die *Zwei Traktate über die Regierung*, Mitte Dezember den *Essay über den menschlichen Verstand*. Auf den Titelseiten dieser beiden Werke befindet sich die Jahreszahl 1690 – eine damals nicht unübliche Praxis der Vorausdatierung zu dem Zweck, ein Buch länger als Neuerscheinung anpreisen zu können. Wenige Jahre nachdem Locke sich in Oates niedergelassen hatte, erschienen (wieder auf englisch) *Einige Gedanken zur Erziehung* (1693) und das religionsphilosophische Werk *Die Vernünftigkeit des Christentums* (1695). – Diese fast gleichzeitige Publikation der wichtigsten philosophischen Schriften erlaubt es, nach der historisch-biographischen Skizze der Genese von Lockes Denken an dieser Stelle zur Darstellung von Lockes Theorien in ihrem systematischen Zusammenhang überzugehen.

Erkenntnis- und Wissenschaftstheorie

Bereits in den ersten beiden Kapiteln wurde Lockes *Essay über den menschlichen Verstand* als erkenntnistheoretische Arbeit charakterisiert. In der Tat ist Locke als Autor des *Essay* der erste Philosoph der Neuzeit, der sich programmatisch ausschließlich auf die Erkenntnisfrage festlegt und sich anschickt, diese Frage systematisch und detailliert zu behandeln: Er sagt zur Absicht, die er mit dem *Essay* verfolgt, es sei sein *Ziel, den Ursprung, die Gewißheit und den Umfang der menschlichen Erkenntnis zu untersuchen*[69]. Schon mit dieser erkenntniskritischen Zielsetzung wendet sich Locke sowohl gegen die scholastische Metaphysik als auch gegen die cartesische Philosophie. Für Descartes stand die Frage nach der Erkenntnisbegründung nur am Anfang einer neuen Substanzenmetaphysik über Seele, Welt und Gott. Nach Locke ist für die fundamentalere erkenntnistheoretische Problemstellung eine Parteinahme etwa in der Auseinandersetzung darüber, ob die Seele materiell oder immateriell sei, irrelevant. Locke führt aus, auch eine *naturwissenschaftliche Betrachtung des Geistes* liegt ganz *außerhalb des Aufgabenbereichs* des *Essay*.[70] Dies ist keineswegs ein selbstverständlicher Standpunkt in einer Zeit, in der naturwissenschaftliche Fragen noch gar nicht streng von philosophischen unterschieden waren. Bezüglich der naturwissenschaftlichen Tätigkeit beurteilt Locke seine Leistung als die eines *Hilfsarbeiters, um den Baugrund etwas aufzuräumen und einen Teil des Schuttes zu beseitigen, der den Weg zur Erkenntnis versperrt*[71]. – Freilich argumentiert Locke durchaus mit Annahmen, die er nicht eigens erkenntnistheoretisch begründet – dies gilt für die oben besprochene atomistische Lehre, deren Geltung er – allerdings wie Boyle bloß hypothetisch – voraussetzt. Außerdem behandelt Locke im *Essay* auch Probleme, die nicht der Erkenntnistheorie, sondern der praktischen Philosophie zuzurechnen sind: zum Beispiel Themen wie die Freiheit, Verantwortlichkeit und Identität der menschlichen Person.

Der *Essay* besteht aus vier Hauptteilen oder *Büchern*, wie Locke sagt. – Das erste Buch bringt eine Kritik und Zurückweisung derjenigen Lehre vom Ursprung der menschlichen Erkenntnis (auch «Innatismus» genannt), wonach grundlegende theoretische und praktische Prinzipien dem menschlichen Geist eingeboren sind. Nach Widerlegung dieser im 17. Jahrhundert von vielen Denkern vertretenen Lehre geht Locke in den

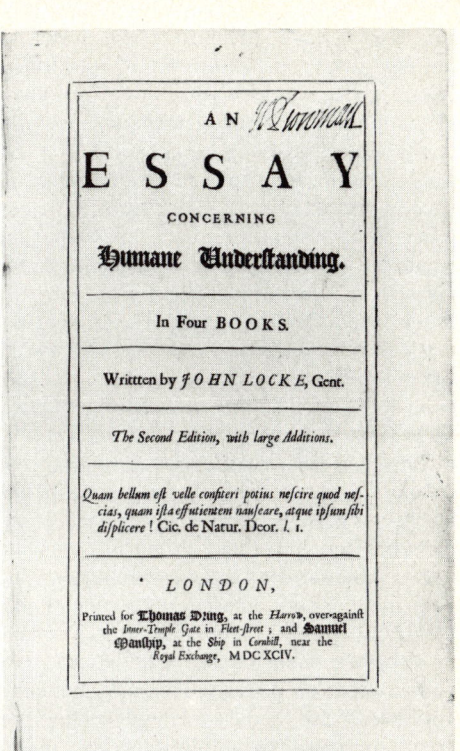

AN *Essay*

E S S A Y

CONCERNING

Humane Understanding.

In Four BOOKS.

Writtten by *J O H N L O C K E*, Gent.

The Second Edition, with large Additions.

Quam bellum est velle confiteri potius nescire quod nescias, quam ista effutientem nauseare, atque ipsum sibi displicere ! Cic. de Natur. Deor. *l.* 1.

L O N D O N,

Printed for **Thomas Dring**, at the *Harrow*, over-against the *Inner-Temple Gate* in *Fleet-street* ; and **Samuel Manship**, at the *Ship* in *Cornhill*, near the *Royal Exchange*, M DC XCIV.

*Titelseite der 2. Auflage
des Essay über den
menschlichen Verstand, 1694*

Büchern II bis IV daran, seine eigene Erkenntnistheorie vorzutragen und zu begründen. In Buch II handelt Locke von dem Material der Erkenntnis, den *Ideen*. Locke untersucht hier *den Ursprung jener Ideen, Begriffe, oder wie man sie sonst nennen mag, die der Mensch in seinem Geist wahrnimmt und die ihm als dort befindlich bewußt sind, sowie die Wege, durch die der Verstand mit ihnen ausgestattet wird*[72]. – In Buch IV geht es darum, wie der Verstand aus dem ihm gegebenen Material, den Ideen, die in Urteilen sich ausdrückende Erkenntnis stiften kann. Locke untersucht dabei auch, wie es mit der Begründung von Zustimmung zu solchen Urteilen bestellt ist, die keine absolut gewisse Erkenntnis enthalten. – Das dritte Buch war ursprünglich nicht eingeplant und ist erst spät eingeschoben worden; in ihm wird die Funktion der Sprache für die Erkenntnis diskutiert.

Die theoretischen Prinzipien, um die es sich bei der Widerlegung des Innatismus in Buch I dreht, sind nach Auffassung einiger Philosophen logische Grundlage aller Erkenntnis. Zu diesen Grundsätzen gehören der

Satz vom verbotenen Widerspruch, wonach gilt: *Es ist unmöglich, daß dasselbe Ding zugleich ist und nicht ist*, und der Satz der Identität, der besagt: *Alles, was ist, das ist.*[73] Die praktischen Prinzipien sind grundlegende moralische Prinzipien (deren Inbegriff das weiter oben erwähnte Naturgesetz ist) wie *Gerechtigkeit und das Einhalten von Verträgen*[74]. Locke zweifelt nicht an der Wahrheit dieser Grundsätze: Von den theoretischen Prinzipien sagt er, daß sie unmittelbar evident seien. Die praktischen Prinzipien müssen nach Locke erst durch *vernunftgemäße Argumentation* bewiesen werden. *Aber dies mindert nicht ihre Wahrheit und Gewißheit.*[75] Locke stellt also nicht die Geltung dieser Prinzipien in Frage, sondern lediglich die These, gemäß der sie dem menschlichen Geist eingeboren sind. Das Problem der Funktion der theoretischen Prinzipien für die Erkenntnis behandelt Locke in Buch IV. – Bei der Widerlegung des Innatismus im ersten Buch geht Locke hauptsächlich so vor, daß er immanent Widersprüche der innatistischen Position aufzeigt. Zum Beispiel legt er hinsichtlich der theoretischen Prinzipien dar, daß aus ihrer Evidenz nicht, wie einige Innatisten meinen, Eingeborenheit zu erschließen sei; es gebe so viele evidente Urteile, von denen die Innatisten selbst nicht behaupten wollten, daß sie alle angeboren seien. Aus der Vielzahl der Argumente, die Locke gegen die von ihm kritisierte Lehre vorbringt, kann hier nur noch ein weiteres hervorgehoben werden: Wenn Prinzipien eingeboren wären, dann müßten auch die Ideen, aus denen sie (als Urteile) bestehen, eingeboren sein; dies sei aber nicht der Fall. Für den Satz vom verbotenen Widerspruch müßte gelten, daß auch die in diesem Satz vorkommenden Ideen von Unmöglichkeit und Identität eingeboren sind. Aber, so Locke, es ist offensichtlich, daß dies nicht zutrifft. Folglich könne auch das Prinzip selbst nicht angeboren sein. Locke kritisiert in diesem Zusammenhang besonders ausführlich die These von der Eingeborenheit der Gottesidee – eine These, die von Descartes mit Nachdruck verfochten wurde. – Locke wendet sich nicht nur aus dem Grund gegen den Innatismus, weil dieser eine unhaltbare Lehre vom Ursprung unserer Erkenntnis ist, sondern auch darum, weil der Innatismus die kritiklose Anerkennung von Autoritäten und Übernahme traditioneller Auffassungen fördert: Wenn erst die These allgemein akzeptiert ist, daß es einige nicht zu bezweifelnde eingeborene Prinzipien gebe, dann wird dies nicht selten dazu benutzt, Regeln und Prinzipien, die aus Tradition oder Erziehung stammen, als eingeboren auszugeben und so jede Kritik und Hinterfragung von vornherein abzuwehren. *Auch verleiht es einem Menschen keine geringe Macht über den andern, wenn er die Autorität besitzt, Prinzipien zu diktieren und unantastbare Wahrheiten zu lehren und einem andern das als eingeborenes Prinzip aufzuzwingen, was den eigenen Zwecken des Lehrers dienlich sein kann.*[76] Locke betont, daß wirkliche Erkenntnis nur durch Selbstdenken, durch die autonome Leistung des Subjekts gestiftet werden könne – ein Gedanke, der zentrale Bedeutung in der europäischen Aufklärungsphilosophie des 18. Jahrhunderts bekommen sollte. Auch wenn eine tradierte Lehre zufällig wahr ist, so Locke, darf man nur dann von wirklicher Erkenntnis sprechen, wenn wir die fragliche Lehre mittels unserer eigenen Verstandestätigkeit geprüft und dann selbst für gültig befunden haben: *Denn ich meine, wir könnten ebenso gut hoffen, mit den Augen anderer zu sehen, wie wir erwarten können, mit ihrem Verstand zu erkennen. In dem Maße, wie wir selbst die Wahrheit und Vernunft betrachten und erfassen, besitzen wir auch reale und wahre Erkenntnis.*[77]

Als beste Widerlegung des Innatismus sieht Locke seine eigene Erkenntnistheorie an, der er sich ab Buch II zuwendet: Wir bedürften gar nicht eingeborener Prinzipien; zur Erlangung von Erkenntnissen müßten wir lediglich die uns von Natur aus zur Verfügung stehenden geistigen Vermögen richtig anwenden. Diese Vermögen selbst seien wirklich angeboren und brauchten nicht erst erworben zu werden. – Das Material jeglicher Erkenntnis besteht für Locke wie erwähnt aus Ideen. Unter dem Terminus «Idee» versteht er dasjenige, *was immer es sei, das den Geist beim Denken beschäftigen kann*[78]. Das heißt, alle bewußten Denkgehalte sind Ideen. Nun hat Locke ähnlich wie Descartes einen weiten Begriff vom Denken. Denkakte sind für ihn nicht nur die Operationen des Verstandes, des Willens und der Einbildungskraft, sondern zum Beispiel auch Sinneswahrnehmungen. Folglich ist auch Lockes Begriff der Idee sehr weit gefaßt: Er umschließt Schmerzempfindungen ebenso wie Vorstellungen von Eigenschaften äußerer Gegenstände, Erinnerungsbilder und das, was man sonst «Begriff» nennt – wie zum Beispiel das durch den Terminus «Gerechtigkeit» Bezeichnete. In Buch II will Locke von dem Ursprung unserer Ideen handeln. Er weist dabei ausdrücklich spekulative Vorgehensweisen zurück; das von ihm angewandte beobachtende Verfahren nennt er seine *historische, einfache Methode*[79]. Der Ursprung unserer Ideen liegt nach Locke in der Erfahrung; diese gliedert sich in äußere und innere Erfahrung. Durch die äußeren Sinne erhalten wir Ideen von den wahrnehmbaren Eigenschaften der Gegenstände. *Diese wichtige Quelle der meisten unserer Ideen, die ganz und gar von unseren Sinnen abhängen und durch sie dem Verstand zugeleitet werden, nenne ich «Sensation».*[80] Durch den inneren Sinn, von Locke *Reflexion* genannt, bekommen wir Ideen von den Operationen des menschlichen Geistes wie zum Beispiel «Wahrnehmen», «Denken», «Zweifeln», «Glauben», «Schließen», «Erkennen» und «Wollen»[81]. Obwohl Locke unterstreicht, daß jegliches Erkenntnismaterial *letzten Endes*[82] aus Sensation und Reflexion stamme, sagt er gleichzeitig, daß sich unser Bestand an Ideen keineswegs in dem erschöpfe, was wir aus diesen Quellen gewönnen: Der menschliche Verstand hat die Fähigkeit, auf das von Sensation und Reflexion sich herleitende Material bestimmte Operationen wie Vergleichen, Zusammensetzen und Abstrahieren anzuwenden, *und zwar in fast unendlicher Mannigfaltigkeit, so daß er auf diese Weise nach Belieben neue komplexe Ideen bilden kann*[83]... weit *über das hinaus, womit ihn Sensation oder Reflexion ausstatten*[84]. Locke unterscheidet zwischen einfachen und komplexen Ideen. Einfache Ideen wie zum Beispiel die Idee der Festigkeit, die uns durch den Tastsinn zugeführt wird, sind einheitliche, nicht weiter analysierbare Denkgehalte. Die diesen Ideen entsprechenden Eigenschaften kommen im Gegenstand selbst natürlich immer nur zusammen mit anderen Eigenschaften vor; zum Beispiel sieht man *gleichzeitig Bewegung und Farbe; die Hand fühlt Weichheit und Wärme an demselben Stück Wachs.* Durch eine ursprüngliche Diskriminierungsleistung der einzelnen Sinne kann gemäß Locke das im Objekt als Teil eines Eigenschaftskomplexes Vorkommende aber *einfach und unvermischt*[85] in den menschlichen Geist aufgenommen werden. – Die komplexen Ideen gliedert Locke hinsichtlich der verschiedenen Gegenstandsarten, auf die sie sich beziehen: Komplexe Ideen, *die man als Darstellungen bestimmter, selbständig bestehender Einzeldinge ansieht*, nennt er *Substanzideen*[86]. Ideen, die sich auf das Verhältnis von Ideen zueinander beziehen, sind *Relationsideen*[87]. Als *Modi* bezeichnet Locke Verbindungen gleichartiger oder ungleichartiger Ideen, die nicht wie Substanzideen die Wirklichkeit abbilden sollen, sondern vom Geist selbst ihre Realität zugesprochen bekommen – *wie etwa die Ideen, die durch die Wörter «Dreieck», «Dankbarkeit», «Mord» usw. bezeichnet werden*[88]. – Locke nimmt in Buch II weitere Klassifikationen der Ideen vor und behandelt ausführlich die erwähnten Ideenarten – vor allem solche, die ihm für das Erkenntnisproblem wichtig erscheinen. Dabei geht er häufig über das von ihm für das zweite Buch abgesteckte Programm hinaus: Der Nachweis des Ursprungs der Ideen in der Erfahrung und in den Leistungen des Verstandes ist nur Teil der erkenntnistheoretischen Überlegungen von Buch II. Die *historische, einfache Methode* wird nicht selten durch Sacherörterungen in den Hintergrund gedrängt.

Erst im vierten Buch setzt sich Locke mit der Frage auseinander, wie der Verstand mit dem Ideenmaterial Erkenntnis konstituieren kann. Erkenntnis bestimmt Locke dabei als die Perzeption von Ideenverknüpfungen – genauer als *die Perzeption der Übereinstimmung oder Nichtübereinstimmung von Ideen*[89]. Wenn wir etwa erkennen, *daß die drei Winkel eines Dreiecks gleich zwei rechten sind*, so bedeutet dies, wir *perzipieren, daß die Gleichheit mit zwei rechten notwendig mit den drei Winkeln eines Dreiecks übereinstimmt und von ihnen untrennbar ist*[90]. Locke geht es hier also um solche Ideenverknüpfungen, die Urteile sind: Erkenntnis ist nur in Urteilen möglich; denn nur Urteile sind geltungsdifferent, d. i. können wahr oder falsch sein. Als einzige Ausnahme hiervon führt Locke die Erkenntnis durch Intuition an. Er unterscheidet drei Grade von Erkenntnis: intuitive, demonstrative und sensitive Erkenntnis. Erkenntnis durch Intuition sei so unmittelbar wie die Sinneswahrnehmung und bedürfe weder eines Beweises noch überhaupt der Vermittlung anderer Ideen. Sie sei die Erkenntnisart, die sich durch den höchsten Grad an Gewißheit

John Locke. Gemälde von Michael Dahl, 1696

auszeichne. Intuitive Erkenntnis haben wir mit Bezug auf Identität und Gehalt unserer Ideen: *Es kann keine Idee in unserem Geist vorhanden sein, von der der Geist nicht sofort durch intuitive Erkenntnis perzipiert, daß sie das ist, was sie ist, und daß sie von jeder anderen Idee verschieden ist.*[91] Als Beispiel: *Auf diese Weise perzipiert der Geist, daß weiß nicht schwarz ist, daß ein Kreis kein Dreieck ist...*[92] Diese intuitive Erkenntnis bezüglich unserer Ideen ist für Locke die logisch erste Erkenntnis, d. h.

71

sie stellt das notwendige Fundament aller weiteren möglichen Erkenntnisse dar: Um Erkenntnis in Urteilen zustande bringen zu können, müssen die Ideen, die im Urteil verknüpft werden sollen, als inhaltlich bestimmte, je mit sich identische und von anderen unterschiedene gewußt werden. In diesem Zusammenhang kommt Locke auf das Thema der theoretischen Prinzipien zurück, von denen er in Buch I nachgewiesen hat, daß sie dem menschlichen Geist nicht eingeboren sind. Im vierten Buch des *Essay* zeigt Locke, daß die Evidenz solcher Prinzipien in der Intuition der Identität und Distinktheit der Ideengehalte gründet. Wie alle evidenten Urteile drücken auch die allgemeinen Prinzipien nur das aus, was wir immer schon durch Intuition bezüglich unserer Ideen wissen. Wenn wir das bilden, was Locke eine *identische Proposition* nennt[93], d. h., ein Urteil, in der eine Idee von sich selbst prädiziert wird, machen wir lediglich dasjenige explizit, was wir bereits «vor» der Bildung dieser wie aller anderen Urteile wissen müssen, stiften also keine neue Erkenntnis. Für Locke hat darum nicht das Prinzip der Identität (als Urteil) erkenntnisfundierende Funktion, sondern die Intuition der Identität, wann immer wir eine Idee perzipieren. Als in die Form von Urteilen gebrachte Prinzipien können Identität und verbotener Widerspruch nach Locke allerdings didaktische Funktion bekommen, wenn man sich die Aufgabe stellt, *die Wissenschaften in der üblichen Weise in dem Umfang, den sie erreicht haben, zu lehren*[94]. – Die *demonstrative Erkenntnis*, von Locke auch *rationale Erkenntnis* genannt, *ist die Perzeption der sicheren Übereinstimmung oder Nichtübereinstimmung zweier beliebiger Ideen durch Vermittlung einer oder mehrerer anderer Ideen*[95]. Das Vermögen des Geistes zu dieser vermittelten Erkenntnis bezeichnet Locke als *Vernunft*. Die Erkenntnis durch Vernunft hat mit der Erkenntnis durch Intuition das Merkmal absoluter Geltung und Gewißheit gemein, unterscheidet sich aber durch ihre Mittelbarkeit: Demonstrative Erkenntnis muß schrittweise geleistet werden; so bedarf die Erkenntnis, daß die drei Winkel eines Dreiecks mit zwei rechten an Größe übereinstimmen, einer Reihe vermittelnder Beweisschritte. Dennoch kommt der Intuition auch hier eine zentrale Funktion zu: Jeder einzelne Schritt bei der Demonstration muß durch intuitive Erkenntnis abgesichert sein; nur dann kann es sich bei dem Ergebnis um eine absolut gültige Erkenntnis handeln. Locke wendet sich damit gegen die scholastische Erkenntniskonzeption; nach dieser gelangt man zu gesicherten neuen Erkenntnissen, indem man von den allgemeinsten Prinzipien als Grundlage durch Syllogismen, d. i. durch Schlußverfahren der traditionellen Logik, voranschreitet. Locke stellt die Geltung der Syllogismen (wie vorher die der allgemeinen Prinzipien) nicht in Frage. Aber der Syllogismus liefere uns keine Erkenntnis, die wir nicht schon auf andere Weise gewonnen hätten: *Denn man muß den Zusammenhang zwischen der vermittelnden Idee und den beiden anderen Ideen, die ihr benachbart sind und zu denen sie in Beziehung gesetzt wurde, um ihre Übereinstimmung zu zeigen, sehen, bevor man sie in die syllogistische Form bringen kann.*[96] Die Präsentation des Wissens in Form von Syllogismen könne wie die des durch Intuition Erkannten in Form allgemeiner Prinzipien allenfalls didaktischen Zwecken dienlich sein. Bei der Konstitution der demonstrativen Erkenntnis selbst sei aber etwas anderes entscheidend, nämlich das Auffinden *derjenigen vermittelnden Ideen, die den Zusammenhang entfernt liegender Ideen aufzeigen können*[97]. – Die dritte Erkenntnisart, die *sensitive Erkenntnis*, versichert uns der *Existenz einzelner äußerer Gegenstände*[98]. Locke räumt ein, daß diese Erkenntnisart nicht in Einklang mit seiner allgemeinen Definition von Erkenntnis als Perzeption von Ideenverknüpfungen steht; gleichwohl hält er es für erforderlich, sie in diesem Zusammenhang aufzuführen. Er richtet sich hier gegen den radikalen Skeptizismus, gemäß welchem eine Erkenntnis der Außenwelt nicht möglich ist: *Denn ich meine, niemand kann im Ernst so skeptisch sein, daß er über die Existenz der Dinge, die er sieht und fühlt, ungewiß wäre.*[99] Der Gewißheitsgrad der sensitiven Erkenntnis geht für Locke über den bloßer Wahrscheinlichkeit hinaus; allerdings sei bezüglich der sensitiven Erkenntnis immerhin sinnvolles Zweifeln darüber möglich, ob eine Idee in unserem Geist tatsächlich eine Entsprechung in der Außenwelt habe. Demnach ist die sensitive Erkenntnis *nicht ganz so gewiß wie unsere intuitive Erkenntnis oder wie die Deduktionen unserer Vernunft, die sich mit klaren, abstrakten Ideen unseres eigenen Geistes befaßt*[100]. Und Locke restringiert schließlich Erkenntnis im strengen Sinne ganz auf Intuition und Demonstration: *Diese beiden, Intuition und Demonstration, sind die Grade unserer Erkenntnis. Alles, was nicht einer dieser beiden entspricht, ist – wie zuversichtlich man es auch annehmen mag – bloß Glaube oder Meinung, aber nicht Erkenntnis.*[101] Diese Restriktion des Erkenntnisbegriffs ist ein wesentliches Charakteristikum von Lockes erkenntnis- und wissenschaftstheoretischer Position. Letztere wird in Lehrbüchern oft vorbehaltlos mit dem Etikett «Empirismus» versehen, da man hervorheben möchte, daß nach Locke die Erfahrung Quelle unserer Erkenntnis sei. Locke selbst gebraucht den Terminus «Empirismus» nicht; und dieser Ausdruck ist, wenn man ihn ohne Einschränkungen verwendet, eine einigermaßen irreführende Kennzeichnung: Gemäß Locke stammt zwar das ursprüngliche Material der Erkenntnis aus der Erfahrung (d. i. die Ideen der Sensation und Reflexion); aber er behauptet nicht, daß Erkenntnis selbst sich direkt aus der Erfahrung herleite. Die Konstitution von Erkenntnis ist für Locke eine Leistung des menschlichen Verstandes und betrifft wie gesehen streng genommen rein die Ideenverknüpfungen, d. i. dasjenige, was wir als notwendig und jenseits jeglicher Zweifelsmöglichkeit befindlich durch Intuition und Demonstration erfassen können. Völlig inkorrekt ist die Charakterisierung von Lockes Erkenntnistheorie als «Sensualismus», weil damit sogar noch die gesamte Reflexionslehre ignoriert wird. Lockes Konzeption von Wissenschaft basiert natürlich auf seinem Erkenntnisbegriff und beinhaltet daher den Begriff eines Systems allgemeiner, durch reine Vernunft beweisbarer und absolut gewisser Wahrheiten: Für Locke ist wie für den «Rationalisten» Descartes die Mathematik Musterbeispiel genuiner Wissenschaft. Will man bei der Verwendung gängiger Etiketten bleiben, so muß man Lockes Erkenntnistheorie als eine Lehre darstellen, die einander nicht widersprechende empiristische und rationalistische Züge hat.

Was besagt dieser Erkenntnis- und Wissenschaftsbegriff für das Studium der Natur, dem sich Locke über Jahre hinweg so intensiv widmete? Für Locke steht fest, daß wir durch Sensation Ideen von den Eigenschaften der Körper haben. Aber nicht alle dieser Ideen sind nach Locke Abbilder von etwas, das in den Körpern wirklich existiert. Von Boyle übernimmt er die Unterscheidung zwischen primären und sekundären Qualitäten und baut sie in seine Überlegungen zu den einfachen Ideen der Sensation ein (Buch II): Primäre Qualitäten wie *Festigkeit, Ausdehnung, Gestalt und Beweglichkeit*[102] sind mit jedem Körper untrennbar verbunden und können im menschlichen Geist Ideen hervorbringen, die sie abbilden. Sekundäre Qualitäten dagegen *sind nichts weiter als die Vermögen verschiedener Kombinationen der primären Qualitäten*[103]. Solche Ideen zu erzeugen, die nicht etwas abbilden, das im Körper wirklich existiert. Zu diesen Ideen gehören zum Beispiel Farb-, Ton- und Geschmackswahrnehmungen. Während etwa der Idee der Festigkeit eine Festigkeit des Objekts entspricht, hat die Farbwahrnehmung «Blau» keine solche Entsprechung im Gegenstand: *Was in der Idee von Süß, Blau oder Warm ist, ist nur eine gewisse Größe, Gestalt und Bewegung der sinnlich nicht wahrnehmbaren Teilchen in den Körpern selbst, die wir so benennen*[104]: Locke führt hier dem atomistischen Erklärungsschema folgend Ideen der Sensation auf eine nicht-erkennbare Ursache in der Außenwelt zurück. – Die Ideen primärer und sekundärer Qualitäten sind nach Locke wesentliche Bestandteile unserer komplexen Ideen von körperlichen Substanzen wie Mensch, Pferd, Stein, Eisen, Gold. Aber Ideen von Qualitäten allein geben uns noch nicht die Vorstellung eines einheitlichen Gegenstandes. Um Eigenschaften, die wir stets als zusammen auftretend wahrnehmen, als die eines einheitlichen Dinges auffassen zu können, müssen wir sie auf ein bestimmtes Etwas beziehen, das als Träger (Substrat) dieser Eigenschaften fungiert: Locke unterscheidet daher von den komplexen Ideen besonderer Substanzarten wie Mensch, Pferd, Stein usw. die allgemeine Idee eines Substrats oder, wie Locke diese auch nennt, den *Begriff von der reinen Substanz im allgemeinen*[105]. Dieser Gegenstandseinheit stiftende Begriff stammt nicht aus der Erfahrung; es ist ein Begriff, *den wir durch Sensation oder Reflexion weder besitzen noch erlangen können*[106]. Der menschliche Verstand selbst denkt diesen Begriff zu dem ihm durch die Sinne gegebenen Material hinzu und konstituiert dadurch überhaupt erst die Vorstellung eines einheitlichen Gegenstandes. An entscheidender

Stelle seiner Überlegungen zu unserer Kenntnis der Außenwelt geht Locke also über den Sensation/Reflexion-Ansatz hinaus und argumentiert – ganz und gar nicht «empiristisch» –, daß zur Konstitution der Gegenstandsvorstellung die Spontaneität des menschlichen Verstandes erforderlich sei.[107] – Während der nicht in Erfahrung gründende *Begriff von der reinen Substanz im allgemeinen* uns überhaupt Vorstellungen einheitlicher Gegenstände ermöglicht, sind es wie angedeutet die in der Erfahrung stets zusammen auftretenden Ideen von Eigenschaften, Handlungsweisen usw., aus denen wir nach Locke allgemeine komplexe Ideen bestimmter Substanzarten bilden: So formen wir unsere gewöhnliche Idee von der Substanzenart Eisen als *die eines Körpers von bestimmter Farbe, Schwere und Härte*[108], indem wir diese aus den Sinnen stammenden Ideen zu einer abstrakten Idee vereinigen und mit dem Namen «Eisen» versehen. – Laut Locke gibt es keine natürliche, uns vorgegebene Einteilung in Arten von Substanzen, sondern lediglich von Natur aus Ähnlichkeiten in den Dingen. Das Klassifizieren der Dinge unter Artbezeichnungen *ist das Werk des Verstandes, der auf Grund der Ähnlichkeiten, die er bei ihnen beobachtet, veranlaßt wird, abstrakte allgemeine Ideen zu bilden, die er im Geist unter Beifügung von Namen als Muster aufstellt… Je nachdem sich nun zwischen diesen und den existierenden Einzeldingen eine Übereinstimmung ergibt, werden die Einzeldinge einer bestimmten Art zugewiesen, erhalten einen entsprechenden Namen oder werden der betreffenden Klasse zugeteilt. Denn wenn wir sagen, dies ist ein Mensch, jenes ein Pferd… was tun wir dabei anderes, als daß wir die Dinge unter verschiedene Artbezeichnungen einordnen, weil sie mit denjenigen abstrakten Ideen übereinstimmen, zu deren Zeichen wir jene Namen gemacht haben?*[109]

Locke betont in dem eben zitierten Passus (aus Buch III) die Funktion der sprachlichen Bezeichnungen für unsere Artideen. Und in der Tat sind «Arten und abstrakte Ideen» das erkenntnistheoretisch zentrale Thema im dritten Buch des *Essay*, wo Locke von der Sprache handelt: Sprachliche Ausdrücke stehen für Ideen; generelle Termini bezeichnen abstrakte Ideen, d. h. Arten oder Gattungen. In bezug auf unser Studium der Natur bedeutet dies, daß wir uns nur mittels der generellen Termini auf Substanzarten beziehen können: Der generelle Terminus «Eisen» zum Beispiel ist dasjenige, was die in der komplexen Idee enthaltenen einfachen Ideen für uns zu einer dauerhaften Einheit verbindet; er dient als Fixpunkt, mittels dessen wir uns zu verschiedenen Zeiten auf ein und dieselbe Idee beziehen können und ermöglicht so Kommunikation über diese. *Wer komplexe Ideen, aber keine besonderen Namen dafür besitzt, ist nicht besser dran als ein Buchhändler, in dessen Laden Bücher ungebunden und ohne Titel umherliegen… Ein solcher Mensch ist in seiner Darlegung behindert, weil ihm die Wörter fehlen, durch die er seine komplexen Ideen mitteilen könnte.*[110] Die Beziehung zwischen Wort und Idee bestehe weder in einer gegebenen natürlichen Verknüpfung noch komme sie durch die bloße Willkür der Individuen zustande, sondern beruhe auf Konvention. Da für Locke die Kommunikation *Hauptzweck der Sprache*[111] ist und Sprache dank ihrer kommunikativen Funktion das *gemeinsame Band der Gesellschaft*[112] ausmacht, hebt er die Wichtigkeit von Präzision und Klarheit der Ausdrucksweise hervor – besonders in Philosophie und in den Wissenschaften. Locke wendet sich hier gegen den scholastischen *Mißbrauch der Sprache*. Er sieht gerade in dem *gelehrten, aber wertlosen Gebrauch einer seltsamen, erkünstelten oder unverständlichen Terminologie* eines der Hindernisse, die den *Weg zur Erkenntnis* versperren.[113] Lockes Theorie von Substanzarten und -gattungen als durch den menschlichen Verstand konstituierter abstrakter Ideen ist insgesamt gegen die seinerzeit noch vorherrschende scholastische Metaphysik gerichtet. Nach dieser gibt es identifizierbare natürliche Arten unabhängig von den Begriffen des menschlichen Verstandes: In der Schulmetaphysik wird einfach eine gewisse Anzahl «substantieller Formen» (Wesenheiten) vorausgesetzt, *denen gemäß alle natürlichen Dinge gebildet seien, an denen ein jedes von ihnen exakt teilhabe und deshalb dieser oder jener Art angehöre*[114]. Nach Locke ist dagegen das Wesen einer Substanz für uns allein durch den Komplex derjenigen Eigenschaften bestimmt, die wir durch Erfahrung kennen und die in unserer Artidee von ihr vereinigt sind. Locke nennt dieses in unserer abstrakten Idee repräsentierte Wesen die *nominale Essenz* eines Dinges. Er unterscheidet davon das wirkliche Wesen, die *reale Essenz*, einer Substanz. Mit realer Essenz meint Locke jedoch nicht die in der scholastischen Metaphysik supponierten «substantiellen Formen», sondern die *wirkliche, innere… Beschaffenheit der Dinge, auf der ihre erkennbaren Eigenschaften beruhen*[115]. Als Beispiel: *Die nominale Essenz von Gold ist jene komplexe Idee, die durch das Wort ‹Gold› bezeichnet wird; das kann beispielsweise ein gelber Körper sein, der ein bestimmtes Gewicht besitzt, dehnbar, schmelzbar und feuerbeständig ist. Die reale Essenz dagegen ist die Beschaffenheit der sinnlich nicht wahrnehmbaren Teilchen jenes Körpers, auf der die eben genannten Qualitäten und all die anderen Eigenschaften des Goldes beruhen.*[116] Hieraus geht bereits hervor, daß für Locke die realen Essenzen natürlicher Substanzen vom menschlichen Verstand nicht erkannt werden können. Durch Ideen der Sensation sind wir sowohl der Existenz von Dingen außer uns versichert als auch gewisser Eigenschaften, Handlungsweisen und Vermögen, die den Dingen zukommen. Einen Grund und «Träger» dieser Qualitäten können und müssen wir wie gesehen zwar annehmen; aber was die reale Essenz dieses von uns hinzugedachten Substrats ist, in der die wahrgenommenen Qualitäten ihren Ursprung haben, kann uns laut Locke nicht bekannt sein; denn unsere Kenntnis natürlicher Dinge gehe nicht über unsere Ideen von ihren Qualitäten hinaus, d. i. reiche nicht weiter als unsere Erfahrung. Folglich kann es für Locke von natürlichen Substanzen keine allgemeinen und absolut gewissen Wahrheiten geben, d. h. keine

Erkenntnis, keine Wissenschaft im strengen Sinne. *Allgemeine und sichere Wahrheiten sind lediglich in den Beziehungen und Verhältnissen der abstrakten Ideen begründet.*[117] Eine «Wissenschaft» von der Natur müßte nach Locke eine reine Vernunftdisziplin sein. Es sei uns aber nicht möglich, eine reine Vernunftwissenschaft von der Natur zu erstellen: Im Gegensatz zu Descartes und dessen Schülern argumentiert Locke, daß es ein Fehler sei zu meinen, reine Vernunft könne Erfahrung in dem Sinne übersteigen, daß sie uns die realen Essenzen natürlicher Substanzen erkennen lasse. Er kritisiert zum Beispiel Descartes' Wesensdefinition von «Körper» als Ausdehnung («res extensa») und die darauf aufbauende rein begrifflich-analytische Argumentation für die Auffassung, es könne kein Vakuum geben. Lockes Position zu unserer Kenntnis der Natur kann also insofern mit Recht «empiristisch» genannt werden, als sie besagt, daß diese Kenntnis sich nicht über unsere Erfahrung hinaus erstrecke. Mit Bezug auf natürliche Substanzen *ist für uns eine wissenschaftliche Erkenntnis nicht möglich; wir werden niemals imstande sein, allgemeine, belehrende, unanfechtbare Wahrheiten über sie zu entdecken. Gewißheit und Demonstration sind Dinge, auf die wir in dieser Angelegenheit keinen Anspruch erheben dürfen.*[118] Locke preist zwar die Leistungen eines Newton und meint, daß sich die in der Natur beobachtbaren Regelmäßigkeiten bestimmten Naturgesetzen verdanken; gleichwohl zeigt er, daß wir nicht in der Lage seien, von diesen Naturgesetzen (nicht zu verwechseln mit dem moralischen Naturgesetz) wirkliche Erkenntnis in seinem strengen Sinne von «Erkenntnis» zu besitzen. Dennoch hält Locke das Studium der Natur durchaus für eine sinnvolle Tätigkeit: Durch systematisch geleitete Erfahrung und *wohldurchdachte und regelmäßige Experimente*[119] können wir hier sehr wohl Fortschritte machen, zu einer Vervollständigung und Präzisierung unserer abstrakten Ideen und einer immer genaueren Beschreibung der Eigenschaften und Prozesse der Natur gelangen. Man müsse sich nur immer daran erinnern, daß unsere Aussagen über die Natur stets im Bereich des bloß Wahrscheinlichen verblieben und nie den Status absoluter Gewißheit und d. h. strenger Wissenschaftlichkeit erreichen könnten. Locke macht deutlich, daß das Für-wahr-Halten unserer Überzeugungen über die Natur wohlbegründet sein müsse; dem Vernunftvermögen komme darum nicht nur bei der demonstrativen Erkenntnis, sondern auch bei der Erstellung bloß erfahrungsbezogener Aussagen eine zentrale Funktion zu: *Denn die Vernunft hat es sowohl mit der Erkenntnis als auch mit dem Meinen zu tun… In beiden Fällen nennen wir die Fähigkeit, die die Mittel auffindet und richtig anwendet, um das eine Mal die Gewißheit, das andere Mal die Wahrscheinlichkeit zu entdecken, Vernunft.*[120] Auch brauchen wir nicht bei bloßer Deskription der Phänomene stehen zu bleiben. Auf Grundlage der Ergebnisse, die uns Beobachtung und Experiment liefern, sind wir nach Locke berechtigt, Hypothesen als Erklärungsmodelle aufzustellen; diese dienen uns dann als

Sir Isaac Newton. Gemälde eines unbekannten Künstlers, um 1726

Leitfaden für weitere Fortschritte und Entdeckungen. Die Hypothesen dürfen jedoch nicht nach Belieben gebildet werden, sondern müssen zunächst den Ergebnissen der erfahrungsbezogenen Forschung nachgeordnet sein: Wir sollten keine Hypothesen aufstellen, *solange wir nicht die Einzelheiten sehr genau untersucht und den Gegenstand, den wir durch unsere Hypothese erklären wollen, verschiedenen Experimenten unterworfen haben*[121]. Locke spricht nicht nur von den möglichen (und tatsächlichen) Fortschritten, die das auf Erfahrung sich gründende Studium der Außenwelt zeitige, sondern auch von dessen Nutzen für die Menschheit. Aus diesem Studium können wir *mancherlei Vorteil für unser Behagen und unsere Gesundheit ziehen und dadurch den Vorrat von Annehmlichkeiten für unser Leben vermehren*[122]. Als Beispiele solch nutzbringender Ergebnisse nennt Locke unter anderem die Erfindung des Buchdrucks und die Entdeckung des Gebrauchs des Kompasses.

Die für uns nicht erkennbare reale Essenz natürlicher Substanzen überhaupt interpretiert Locke gemäß der atomistischen Hypothese: Diese hat die beobachtbaren Eigenschaften, Operationen und Veränderungen zum Ausgangspunkt und sucht sie mit der Konstellation und Interaktion kleinster, sinnlich nicht wahrnehmbarer Materieteile und deren ursprünglichen Eigenschaften zu erklären. Die reale Essenz der Körper besteht demzufolge in strukturierter, vielfältiger und veränderlicher Materie. Locke sieht im Atomismus das zu seiner Zeit beste zur Verfügung stehende Erklärungsmodell und stellt diese Lehre dem schulphilosophischen Konzept von «substantiellen Formen» entgegen. Er gesteht zu, daß der Atomismus in Zukunft möglicherweise durch ein anderes, sich als adäquater erweisendes Modell ersetzt werden müsse. Keine Hypothese könne uns je wirkliche Erkenntnis und absolute Gewißheit über die realen Essenzen der Körper geben.

Alle abstrakten Ideen repräsentieren nach Locke Arten oder Gattungen; aber nicht alle dieser Ideen sind Substanzideen, d. h. Ideen wie die durch die Ausdrücke «Eisen» und «Gold» benannten, die zwar nicht die realen Essenzen erfassen, aber doch dazu dienen, so weit wie möglich die äußere Wirklichkeit abzubilden. Von diesen Ideen sind die weiter oben bereits erwähnten Relationsideen und Modi zu unterscheiden. Modi sind abstrakte Ideen wie die durch die Termini «Dreieck», «Ellipse», «Gerechtigkeit», «Verpflichtung» bezeichneten Ideen; sie sind im Gegensatz zu Substanzideen gar nicht als Kopien von für sich bestehenden Dingen außer uns gebildet worden. Auch diese Ideen setzen sich zwar aus Ideen zusammen, die letztlich der Erfahrung entstammen. Entscheidend ist aber, daß der Verstand in diesen Fällen aus dem ihm gegebenen Material solche komplexen abstrakten Ideen formt, die sich nicht abbildhaft auf Gegenständliches beziehen und eines solchen Bezugs auch nicht bedürfen, um Realitätsgehalt zu besitzen. Diese Ideen haben *ihren Ursprung und ihre dauernde Existenz mehr in den Gedanken der Menschen als in der*

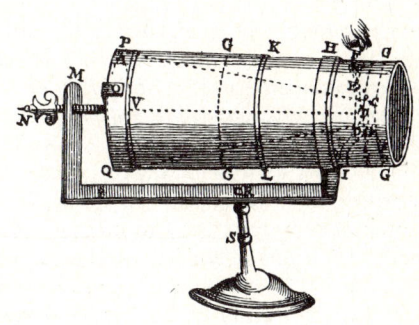

Newtons Spiegelteleskop.
Rechts oben
das Auge des Betrachters

Realität der Dinge und werden daher *notions* (Begriffe) genannt.[123] Das heißt: Was ein Dreieck, eine Ellipse, was Verpflichtung und Gerechtigkeit sind, gründet nicht in der uns verborgenen Konstitution der äußeren Wirklichkeit; es ist der menschliche Verstand selbst, der hier die realen Essenzen hervorbringt. Daher gilt im Gegensatz zu den Substanzideen von den Modi, daß sie sowohl die nominalen als auch die realen Essenzen des in ihnen Vorgestellten repräsentieren: Zum Beispiel *ist eine Figur, die einen Raum innerhalb dreier Linien einschließt, sowohl die reale als auch die nominale Essenz eines Dreiecks. Denn sie ist nicht nur die abstrakte Idee, mit der der allgemeine Name verbunden ist, sondern die eigentliche essentia, oder das Sein des Dinges selbst; sie bildet die Grundlage, der alle seine Eigenschaften entstammen und mit der sie sämtlich untrennbar verknüpft sind.*[124] Folglich sind wir imstande, in Disziplinen, die wie die Mathematik Modi zum Gegenstand haben, demonstrative und d. h. absolut gewisse Erkenntnis zu erlangen; und dies bedeutet, daß diese Disziplinen Lockes strenge Bedingungen von Wissenschaftlichkeit erfüllen. Denn anders als bei Substanzideen können wir hier auf Grund rein begrifflicher Arbeit notwendige Verknüpfungen zwischen Ideen perzipieren und *allgemeine, belehrende, unanfechtbare Wahrheiten* über sie entdecken. Da unsere abstrakten Ideen in diesem Bereich auf Entwürfe des menschlichen Verstandes selbst zurückgehen, sind wir in der Lage, schrittweise alle Eigenschaften des Vorgestellten als notwendig aus der abstrakten Idee hervorgehend abzuleiten. So läßt sich aus der abstrakten Idee des Dreiecks als einer *Figur, die einen Raum innerhalb dreier Linien einschließt*, demonstrativ entwickeln, daß die drei inneren Winkel einer solchen Figur gleich zwei rechten sind. – Freilich kann es Anwendungen mathematischer Ideen und anderer Modi in der Welt geben. Locke nennt als Realitätskriterien für Relationsideen und Modi, daß nicht unvereinbare Ideen in ihnen zusammengefügt sind (innere Konsistenz) und *daß sie so gebildet werden, daß möglicherweise etwas ihnen Entsprechendes existieren kann*[125]. Wesentlich ist jedoch, daß Erkenntnisse wie die mathematischer Wahrheiten über Kreise, Ellipsen, Dreiecke usw. ganz unabhängig von dem Vorkommen solcher Figuren in der Welt absolute Gültigkeit haben: *Alle Erörterungen der Mathematiker über die Quadratur des Kreises, über Kegelschnitte oder irgendein anderes Problem der Mathematik beziehen sich nicht auf die Existenz der betreffenden Figuren; vielmehr bleiben ihre Beweise, die auf ihren Ideen beruhen, dieselben, gleichviel, ob in der Welt ein Quadrat oder ein Kreis existiert oder nicht.*[126]

Genuine Wissenschaften wie die Mathematik sind Lockes Erkenntnisbegriff entsprechend dadurch charakterisiert, daß wir hier mittels bloßer Vernunft («demonstrativ», «apriorisch») allgemeine und absolut gewisse Wahrheiten zustande bringen, ohne daß es der Bestätigung durch Erfahrung bedürfte. Eine demgemäße apriorische Wissenschaft von der Natur, die die realen Essenzen natürlicher Substanzen zum Thema hätte, kann es

80

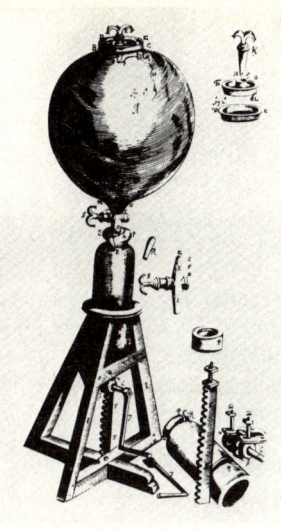

Boyles Luftpumpe.
R. Boyle, «New Experiments
Physico-Mechanicall, touching
the Spring of the Air and its Effects»,
London 1660

für den menschlichen Verstand nicht geben. Die Grenzen unserer Natur-
erkenntnis sind durch die Erfahrung festgelegt (wenn auf diesen Seiten
dennoch gelegentlich von Natur«wissenschaft» die Rede ist, dann nicht in
der von Locke angegebenen restringierten Bedeutung von «Wissenschaft»). Für Locke gilt, daß Cartesianer und Scholastiker gleichermaßen
der menschlichen Erkenntnisfähigkeit zu viel zutrauen; andererseits
meint Locke, daß die radikalen Skeptiker die Grenzen der Erkenntnis
wiederum zu eng ziehen. Locke tritt für eine gemäßigte Position ein: Wir
sind sehr wohl in der Lage, im Bereich der erfahrungsbezogenen
(«aposteriorischen») Naturforschung zu wohlbegründeten wahrscheinlichen Urteilen zu kommen und Fortschritte zu machen, die *die Beschaf-
fung und Vermehrung nutzbringender Güter*[127] herbeiführen. – Und
keineswegs ist für Locke die Mathematik die einzige Wissenschaft im
strengen Sinne: Da zu den Modi auch moralische Begriffe wie zum Beispiel die durch die Ausdrücke «Gerechtigkeit», «Verpflichtung», «Dankbarkeit», «Diebstahl» und «Mord» bezeichneten Ideen gehören und da in
bezug auf alle Disziplinen, die Modi zum Gegenstand haben, dem
menschlichen Verstand das Erstellen einer Wissenschaft möglich ist, müssen wir in der Lage sein, auch die Ethik als eine reine Vernunftwissenschaft zu etablieren – ein Ergebnis, das nur denjenigen überraschen kann,
der zu vorschnell und vorbehaltlos Lockes Erkenntnistheorie in die
Schublade «Empirismus» abgelegt hat.

Ethik und Pädagogik

Locke hat keinen Traktat speziell zur Ethik veröffentlicht. Seine Gedanken zu diesem Thema sind in verschiedenen, zum Teil von ihm selbst nicht publizierten Abhandlungen und Notizen, besonders auch im *Essay über den menschlichen Verstand* zu finden.[128] – Da die Ethik es nach Locke mit solchen abstrakten Ideen zu tun hat, deren reale Essenzen *nicht so sehr Werke der Natur als vielmehr Schöpfungen des Verstandes sind*[129], ist sie wie die Mathematik im Gegensatz zur Naturforschung als strenge Wissenschaft möglich. Die Ideen, die für die Ethik in Betracht kommen, *gehören zu denen, die meiner Ansicht nach eine Verknüpfung und Übereinstimmung miteinander aufweisen, die sich aufdecken läßt. Daher können wir zu sicheren, realen und allgemeinen Wahrheiten gelangen, soweit es uns gelingt, ihre Beziehungen und Verhältnisse zu ermitteln.*[130] Als Beispiel erwähnt Locke, daß wir den notwendigen Zusammenhang zwischen der Idee der Gerechtigkeit und der des Eigentums mit ebenso absoluter Gewißheit erkennen könnten wie einen Beweis des Euklid. Nun geht es in der Ethik allerdings nicht nur um Begriffsanalyse und um das Aufdecken von Ideenverknüpfungen, sondern darum, *daß aus Voraussetzungen, die von selbst einleuchten, durch notwendige Folgerungen, die ebenso unanfechtbar wären wie die mathematischen, die Maßstäbe von Recht und Unrecht ermittelt werden könnten*[131]. Das heißt: Es geht um die vernunftgemäße Erstellung eines Systems absolut gültiger normativer praktischer Prinzipien. Zu diesen rechnet Locke nicht nur allgemeine Grundsätze wie die als «Goldene Regel» bekannte *unerschütterliche Regel der Moral und Grundlage aller gesellschaftlichen Tugend, «man handle so, wie man selbst behandelt werden möchte»*[132], sondern auch konkretere Regeln wie diese, daß das Einhalten von Versprechen geboten ist, Mord und Diebstahl verboten sind. Den Inbegriff praktischer (moralischer und rechtlicher) Normen, die von absoluter Geltung und allgemeiner Verbindlichkeit sind, nennt Locke auch im *Essay* der Tradition folgend *Naturgesetz* (*law of nature*).[133] Die Vernunft könne (und brauche) sich bei der Erarbeitung eines Systems der Moral weder auf die Eingeborenheit moralischer Prinzipien und Ideen berufen noch auf Erfahrung und Lebenspraxis: *Wahrheit und Gewißheit moralischer Erörterungen bestehen ganz unabhängig von dem Lebenswandel der Menschen und der Existenz der behandelten Tugenden in der Welt.*[134]

C. A. c ~~29 24~~ 24 Of Ethick in General

1 Happyness & misery are the two great springs of humane actions & through the different ways that we finde men take busy in the world they all ~~purpose happyness~~ aime at happyness & desire to avoid misery of it appears to them in different places & shapes

2 I doe not remember yt I have heard of any nation of men who have not acknowledged that there has been right & wrong in many actions of well as truth & falshood in their sayings, some measure there have been every where acknowledged owned by all very different some rules & boundarys to mens actions by wch they were judgd to be good or bad, nor if there I thinke be any people amongst whom there is noe distinction between virtue & vice. Some kinde of morality is to be found every where received & will not say perfect & exact but yet enough to let us know that ys notion ift is more or less every where & yt men thinke yt even where politique society & men gathered are silent men yet are under some laws to wch they owe obedience

3 But however morality be ys great busyness & concernement of mankinde & soe deserves our most attentive application & study. yet in the very entrance ~~of this one branch of knowledg~~ this occurs very strange & worthy our consideration that a   morality

Aus einem Entwurf zu einem geplanten, aber nie fertiggestellten Kapitel zum Essay über Ethik, 1685–89

Ethica
un

Hugo Grotius. Gemälde von Michiel van Mierevelt

Locke geht im *Essay* nicht daran, ein System der Moral zu erstellen; aber er diskutiert zwei fundamentale Begriffe, die nach seinem Dafürhalten zum Aufbau eines solchen Systems unbedingt erforderlich sind: Erstens, *die Idee unserer selbst als eines mit Verstand und mit Vernunft begabten Wesens*[135] (denn es ist offensichtlich, daß nur denkende und vernunftbegabte Wesen in der Lage sein können, das Naturgesetz zu erkennen und zu befolgen); zweitens, den Begriff Gottes als eines Gesetzgebers; ein Gesetz ist nur dadurch verpflichtend, daß es von einer dazu befähigten Autorität deklariert wurde: *Ohne den Begriff eines Gesetzgebers kann man unmöglich den Begriff eines Gesetzes und eine Verpflichtung zur Befolgung desselben haben.*[136] Und ein objektives und allgemein verpflichtendes Gesetz wie das Naturgesetz kann für Locke nicht menschlichen, sondern nur göttlichen Ursprungs sein. Daher nennt er das Naturgesetz auch *göttliches Gesetz*[137]. Die menschliche Vernunft könne zwar das Naturgesetz seinem Gehalt nach erkennen, nicht aber selbst Quelle dieses Gesetzes sein; es sei vielmehr Ausdruck des göttlichen Willens und erhalte dadurch seine bindende Kraft. Mit dieser Position steht Locke zwischen zwei extremen Auffassungen, die zu seiner Zeit vertreten wurden; die eine (die der Puritaner) besagt, daß das Naturgesetz nicht aus der Vernunft zu deduzieren, sondern als Ausdruck des göttlichen Willens durch Offenbarung (vermittelt in der Heiligen Schrift oder direkt im individuellen Gewissen) zugänglich ist; gemäß der anderen (der von Grotius angedeuteten) muß das Naturgesetz auch dann absolute Geltung besitzen, wenn Gott gar nicht existierte. Für Lockes Mittelweg ist erforderlich, daß die Existenz Gottes sichergestellt ist. Auch diese lasse sich durch Vernunft beweisen: Locke beginnt mit der Gewißheit von unserer Existenz als denkender, vernunftbegabter Wesen und argumentiert unter Anwendung des Kausalitätsprinzips, daß wir nicht durch bloßen Zufall entstanden sein könnten, sondern von einem Wesen geschaffen worden sein müßten, das denkend, zwecksetzend und uns überlegen sei. Auf diese Weise könne man erkennen, *daß es ein ewiges, allmächtiges und allwissendes Wesen gibt*[138]. Kant hat fast 100 Jahre nach Locke die Schwächen dieses (nicht sehr originellen) wie aller anderen Versuche aufgezeigt, auf theoretisch-spekulativem Weg die Existenz Gottes zu beweisen. Im gegenwärtigen Zusammenhang ist wesentlich, daß der Gottesbegriff schon in Lockes Konzeption eines Vernunftsystems der Moral gefordert wird.

Locke war nicht der einzige Philosoph im 17. Jahrhundert, der Ethik als demonstrative Wissenschaft für möglich hielt. Richard Cumberland in England zum Beispiel und der von Locke gepriesene Samuel Pufendorf waren gleicher Auffassung. Locke entwickelt diesen Gedanken freilich in Zusammenhang und Übereinstimmung mit seinen allgemeinen erkenntniskritischen Überlegungen: Zur Aufgabe des *Essay* gehört die Ausarbeitung eines Systems der Moral ebensowenig wie etwa die ausführliche Erörterung mathematischer Probleme. Locke geht es im *Essay* nur darum, die Möglichkeit eines solchen Systems nachzuweisen. Er ist zwar auch davon überzeugt, daß eine Reihe moralischer Prinzipien als absolut gültige bewiesen worden seien, meint aber, daß man die demonstrative Erkenntnis in diesem Bereich noch weiter treiben müsse und daß bislang noch niemand ein vollständiges Vernunftsystem der Moral vorgelegt habe. Den zuletzt genannten Umstand erklärt Locke psychologisch: Bei einem Thema wie dem der Moral falle es ungleich schwerer, vorurteilslos und sachlich vorzugehen. Zur Arbeit an einer wissenschaftlichen Ethik sei jedoch unerläßlich, daß man es verstehe, Leidenschaft und Eigeninteresse auszuschalten, sich nicht durch irreführende Bezeichnungen der Ideen fehlleiten zu lassen und sich mit Scharfsinn, Aufmerksamkeit und Methode dem Gegenstand zuzuwenden. Freunde bedrängten Locke, er möge doch selbst einen ethischen Traktat gemäß den Grundsätzen des *Essay* verfassen; daß er diesen Wünschen nicht entsprach, hat ihm bis

*Samuel Freiherr von Pufendorf. Kupferstich von J. Tolkema
nach Klöcker von Ehrenstrahl*

heute schärfste Kritik eingebracht. – Nach Locke bedeutet die Tatsache,
daß noch kein vollständiges Vernunftsystem der Moral vorliegt, nicht,
daß die Menschheit in bezug auf den Gehalt eines solchen Systems unwis-
send bleiben muß. Da für ihn das Naturgesetz mit dem göttlichen Gesetz
identisch ist, kann er sagen, es müsse, zwar nicht ausschließlich, aber auch
durch Offenbarung zugänglich sein. Das System moralischer Gesetze, das
wir prinzipiell durch Vernunft erkennen können, falle faktisch mit dem
aus der christlichen Religion Bekannten zusammen und könne dem
Evangelium entnommen werden. Nun ist der Weg über die Offenbarung
für Locke nicht einfach Flucht vor dem schwierigen Weg der Vernunft:
Offenbarung ist der Vernunft keineswegs schlicht entgegengesetzt. Wie
wir im Kapitel zur Religionsphilosophie sehen werden, unterstreicht
Locke, daß dasjenige, was als Offenbarung gelten können solle, als eine
solche durch die Vernunft ausgewiesen werden müsse. Gleichwohl steht
fest, daß bei Locke die Ethik noch nicht eine von der Religion ganz unabhängige Disziplin ist.

Neben den gerade skizzierten theoretisch-spekulativen Überlegungen zur Geltung, Verbindlichkeit und Beweisbarkeit moralischer Prinzipien gibt es in Lockes Konzeption der Ethik auch einen «praktischen» Teil: Hier wird der Frage nachgegangen, ob und wie wir imstande sind, uns im Handeln tatsächlich gemäß den moralischen Prinzipien zu bestimmen. – Selbstbestimmung dieser Art ist, so macht Locke deutlich, nur dann möglich, wenn wir dem Menschen Freiheit zusprechen können, d. h, wenn gilt, daß wir nicht vollständig durch je gegenwärtige Begierden und Neigungen determiniert sind. Nun steht für Locke fest, daß wir faktisch immer nach Glückseligkeit streben. In der ersten Auflage des *Essay* vertritt Locke die Auffassung, daß unser Wille bei diesem Streben durch dasjenige zum Handeln bestimmt wird, was uns in der Überlegung als das erstrebenswertere *größere Gut* erscheint.[139] Unter einem «Gut» versteht Locke in diesem Zusammenhang einfach etwas, das uns Freude und Lust verschafft. Für die zweite und alle späteren Auflagen ändert Locke seine Theorie der Willensbestimmung: ... *was bestimmt den Willen bezüglich unserer Handlungen? Nach wiederholtem Nachdenken neige ich zu der Annahme, daß es nicht, wie man gewöhnlich annimmt, das in Aussicht stehende größere Gut ist, sondern irgendein (und zwar meist das drückendste) Unbehagen, das man gegenwärtig empfindet.*[140] Denn das gegenwärtige gefühlte Unbehagen bedeutet gleichzeitig das Verlangen nach Abwesenheit dieses Unbehagens; und dies heißt wiederum, daß wir uns im Handeln derart bestimmen, daß das gegenwärtige Unbehagen aufgehoben wird und kein anderes Leiden eintritt. Locke weist in der zweiten Auflage des *Essay* (von 1694) darauf hin, daß ein in Erwägung gezogenes abwesendes Gut nicht wie unmittelbar gefühltes Unbehagen wirke: Nur dasjenige, was unmittelbar gegenwärtig sei, könne den Willen bestimmen. – Aber wie soll Freiheit möglich sein, wie sollen wir uns nach moralischen Prinzipien ausrichten können, wenn wir im Handeln immer durch irgendein gegenwärtig gefühltes Unbehagen bestimmt werden? Locke macht darauf aufmerksam, daß wir nicht genötigt sind, sofort unser Verlangen durch bestimmte Handlungen zu befriedigen: Wir haben die Fähigkeit, die Erfüllung der Begierden aufzuschieben und genau zu prüfen, welche Handlungen wirklich unserer Glückseligkeit dienlich sind, um dann auf Grund einer solchen Prüfung uns im Handeln zu bestimmen. In dieser Fähigkeit liege die Freiheit des Menschen. Das heißt: Wir sind in der Lage, unser Verlangen so zu gestalten, daß dasjenige, was gemäß unserer Vernunftüberlegung wahrhafte Glückseligkeit verschafft, zum Gegenstand unseres unmittelbaren Bedürfnisses wird. Dies kommt zwar noch nicht einer Ausrichtung nach moralischen Prinzipien gleich. In der Freiheit, die Befriedigung vorhandener Bedürfnisse aufzuschieben, sieht Locke aber bereits unsere Verantwortlichkeit begründet: Wir haben die Freiheit zur Selbstbestimmung; wenn wir nun durch hastige und oberflächliche Überlegung diese Freiheit vernachlässigen oder mißbrauchen und falsche Maßstäbe für Gut und Böse ausbilden, dann sind wir für die Folgen verantwortlich zu machen.

Verantwortlichkeit ist für Locke an den Aspekt des menschlichen Subjekts geknüpft, den er «Person» oder auch «Personalität» nennt. Locke legt in der zweiten Auflage des *Essay* eine detaillierte Theorie der Person vor[141]; diese Theorie wird nicht selten mit dem Prädikat «revolutionär» versehen, weil Locke hier im Gegensatz sowohl zur älteren philosophischen Tradition als auch zu Descartes und dessen Schule den Personbegriff allein durch den des Bewußtseins bestimmt und streng von dem Begriff der Seele unterscheidet. Locke führt zwar im Anschluß an Descartes aus, daß wir von der Existenz des Ich als von etwas, das Denkvermögen besitzt und «Seele» genannt wird, durch intuitive Erkenntnis unzweifelhaft versichert sind. Anders als Descartes ist Locke jedoch der Auffassung, daß wir das Wesen dieses Subjekts, dem wir Denkvermögen zuschreiben, nicht erkennen können: Was für Substanzen überhaupt gilt, gilt auch für die Ich-Substanz; von deren Operationen (wie Denken, Wahrnehmen, Glauben, Zweifeln, Wollen usw.) erhalten wir durch Reflexion zwar Ideen, aber weiter als diese innere Erfahrung reicht unsere Kenntnis nicht. Metaphysische Fragen zum Beispiel danach, ob die Seele immateriell oder materiell sei, gehen für Locke über das hinaus, was mit dem menschlichen Erkenntnisvermögen letztgültig beantwortet werden kann. Locke unterscheidet nun von der in bezug auf ihr Wesen unerkennbaren Seele, als Substanz, das Ich, dem wir täglich durch Bewußtsein Handlungen, Gefühle und Gedanken zuschreiben und um dessen Zukunft wir uns sorgen. Diese durch Bewußtsein konstituierte Einheit von Gedanken und Handlungen nennt Locke «Person»: Nur dasjenige, als was wir uns durch Bewußtsein erscheinen, macht unsere Personalität aus; worin das ohnehin nicht erkennbare Wesen der Seele besteht, ist hier völlig irrelevant. Da wir wie gesehen Freiheit voraussetzen können, sind wir auf Grund der Selbstzuschreibung von Handlungen durch Bewußtsein für letztere verantwortlich; und die Person ist darum als die verantwortliche Instanz des Ich anzusehen. Locke sagt daher auch, «Person» sei ein *juristischer Terminus*[142]. Aber Lockes Bestimmung des Personbegriffs hat offenkundige strafrechtliche Probleme zur Folge: Für Handlungen, die vom Bewußtsein nicht in die Person aufgenommen werden (wie z. B. solche, die wir schlafwandelnd begangen haben), brauchen wir unsere Urheberschaft nicht zuzugeben; wir können folglich für eine verbrecherische Handlung, von der wir kein Bewußtsein haben, auch nicht bestraft werden. Aber wie sollen Gerichte im Falle eines behaupteten Bewußtseinsmangels imstande sein zu entscheiden, ob dieser bloß vorgeschützt oder genuin ist? Locke selbst räumt ein, daß jemand gerechterweise verurteilt werden könne, wenn sich Mangel an Bewußtsein nicht nachweisen lasse, es aber (z. B. durch Augenzeugen) bewiesen sei, daß der Angeklagte die Tat begangen habe. Welchen Sinn ergibt dann noch Lockes Aussage, nur die

Notiz Lockes zum Problem der personalen Identität
in seinem Tagebuch unter dem 5. Juni 1683

innerlich durch Bewußtsein konstituierte Personalität sei Grundlage von Recht und Gerechtigkeit von Strafe und Belohnung? – In diesem Zusammenhang muß beachtet werden, daß auch Lockes Theorie der Person eine theologische Komponente hat. Locke verabschiedet zwar mit seiner Bestimmung von Person durch Bewußtsein die traditionelle Substanzenmetaphysik; aber seine Theorie der Personalität bedarf letztlich des christlichen Glaubenssatzes vom Leben nach dem Tode. Endgültige Be-

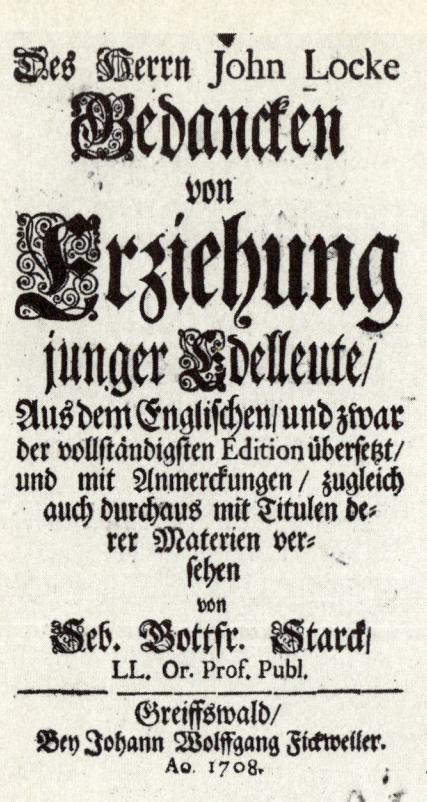

*Titelseite der ersten deutschen Übersetzung von Lockes
Erziehungsschrift «Some Thoughts Concerning Education», 1708*

urteilungsinstanz für unsere Handlungen sei allein Gott mit seinem Gesetz, das dem Menschen durch Offenbarung und Vernunft zugänglich sei.
Und das Streben nach Glückseligkeit ist, sofern es vernünftig betrieben
wird, für Locke auf die Glückseligkeit nach dem Tode bezogen. Nur diese
sei wahrhafte Glückseligkeit. Ob sie uns zuteil werde, hänge von dem
Urteil Gottes ab. Bezüglich des göttlichen Urteils kann nun die durch
Bewußtsein gestiftete Personalität durchaus als Grund gerechter Strafe
angesehen werden; denn vor Gott, so Locke, gibt es keine Geheimnisse:
*In Übereinstimmung damit sagt uns denn auch der Apostel, daß an dem
großen Tag, an dem jeder «gemäß seinen Taten empfangen wird, die Geheimnisse aller Herzen offenbar werden». Das Urteil wird dadurch gerechtfertigt werden, daß sich alle Personen dessen bewußt sein werden, daß sie*

selbst – gleichviel in welchen Körpern sie erscheinen oder mit welchen Substanzen dieses Bewußtsein verknüpft ist – eben diejenigen sind, die bestimmte Handlungen begangen haben und dafür bestimmte Strafen verdienen.[143]

Auf diesem Hintergrund läßt sich erklären, wie wir uns nach Locke trotz des ständigen Strebens nach Glückseligkeit zu einem Handeln bewegen lassen können, das an objektiven moralischen Prinzipien ausgerichtet ist: Haben wir (dem christlichen Glauben folgend) wahrhafte Glückseligkeit im Leben nach dem Tode zu unserem Verlangen gemacht, so sind wir motiviert, uns im Handeln nach den im Evangelium enthaltenen und aus Vernunft deduzierbaren moralischen Prinzipien zu bestimmen; denn als Christen sind wir davon überzeugt, daß unsere Glückseligkeit im Leben nach dem Tode von dem Richterspruch Gottes abhänge und wir sie daher nur durch eine Lebensweise erreichen könnten, die sich an den moralischen Prinzipien orientiere. In diesem Sinne ist für Locke Moralität unerläßliche Bedingung der Glückseligkeit. – Diese Gedanken Lockes werden wegen der Betonung des Strebens nach individueller Glückseligkeit oft als «hedonistisch» und «egoistisch» bezeichnet. Es muß allerdings darauf hingewiesen werden, daß dieser «Hedonismus» nicht in einem «Widerspruch» zu Lockes Lehre von der Objektivität und allgemeinen Verbindlichkeit eines prinzipiell durch bloße Vernunft demonstrierbaren moralischen Naturgesetzes steht. Denn Locke vertritt seinen «Hedonismus» ja nicht als ethische Theorie in dem Sinne, daß etwa die Verpflichtung, nach bestimmten Prinzipien zu handeln, daraus abzuleiten wäre, daß entsprechende Handlungen tatsächlich Glückseligkeit zur Folge hätten. Für Locke gilt und verpflichtet das Naturgesetz ganz unabhängig davon, welche Konsequenzen ein diesem Gesetz gemäßes Verhalten für die betreffende Person haben mag. Lockes «Hedonismus» ist als psychologische Theorie zu verstehen, mittels der er im «praktischen» Teil seiner ethischen Überlegungen zu erklären versucht, was uns motivieren kann, bestimmte Handlungen auszuführen – auch solche, die dem Naturgesetz folgen.

Locke war realistisch genug, zu bemerken, daß die meisten sich weder durch die bloße Vernunfteinsicht in die Geltung und Verbindlichkeit des Naturgesetzes noch durch den Gedanken an ein ewiges Leben zu tugendhaftem Handeln veranlaßt sehen: Die Menschen werden in ihren Überzeugungen und ihrer Praxis eher durch *Erziehung, Umgang und die Sitten ihres Landes*[144] geformt. Wir seien zwar von Natur aus vernunftbegabte Wesen und hätten das Vermögen, uns im Handeln nach Vernunftüberlegungen zu bestimmen; aber zur angemessenen Ausübung dieser Fähigkeiten müsse die Vernunft erst ausgebildet werden. Es ist nach Locke nun die Aufgabe der Erziehung, diese Ausbildung der Vernunft vorzunehmen und im Kind ein Verlangen nach einem tugendhaften Lebenswandel zu entwickeln. Lockes pädagogische Hauptschrift von 1693, *Einige Gedan-*

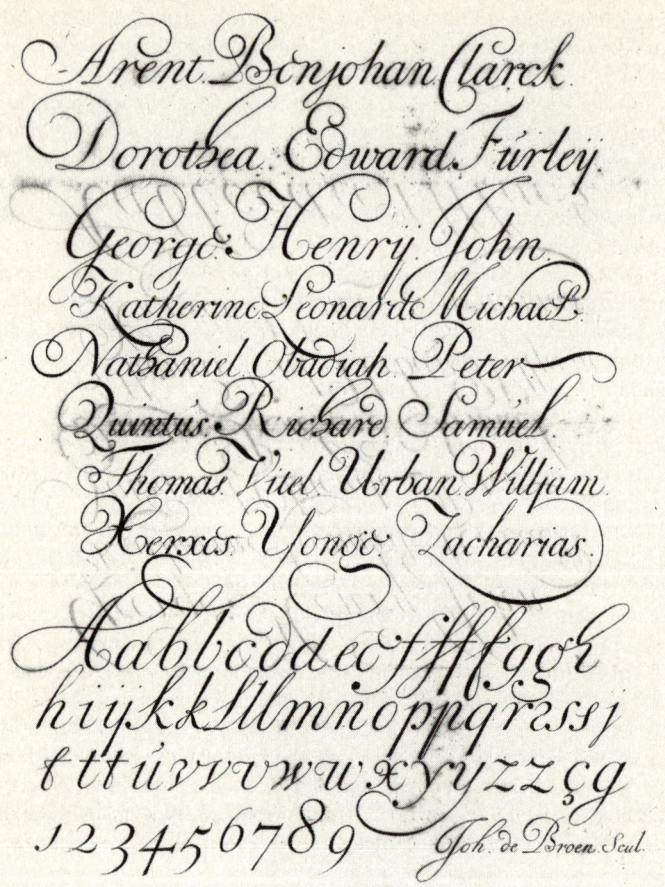

Von Locke für Benjamin Furly entworfene Tafel zur Unterweisung im Schreiben

ken zur Erziehung[145], verknüpft denn auch die ethischen Erörterungen mit der Erziehungslehre. Locke geht in diesem Werk nur kurz auf den Gottesbegriff als Grundlage der Tugend ein und legt anders als die meisten zeitgenössischen Verfasser pädagogischer Lehrbücher keinen besonderen Wert auf religiöse Unterweisungen. Wie im zweiten Kapitel angedeutet wurde, war Locke ja selbst unter Shaftesbury und in Frankreich als Erzieher tätig gewesen. Die *Gedanken* hatte er ursprünglich für seinen Freund Edward Clarke geschrieben, der bei Locke Rat zur Erziehung seines Sohnes suchte. Daher geht es in diesem Buch hauptsächlich um die Heranbildung des jungen *Gentleman*; allerdings ist Locke der Auffassung, daß die allgemeinen Erziehungsgrundsätze weder standes- noch geschlechtsspezifisch sind. Viele der Hinweise und Ratschläge zu Detailproblemen lassen Lockes Pädagogik heute vielleicht als konventionell erscheinen; aber von den meisten seiner Vorgänger unterscheidet sich Locke unter anderem dadurch, daß er den Prozeß der Charakterbildung, d. i. die Entwicklung vom Kind zur vernunftgeleiteten verantwortlichen Person als das Wichtigste hervorhebt. Es war zu Lockes Zeit alles andere als selbstverständlich, die Kindheit als Anfang dieses Prozesses ernst zu nehmen. Obwohl Locke den geistigen und charakterlichen Werdegang als das Kernstück der Erziehung ansieht, vernachlässigt er nicht die körperliche Ausbildung, der er die ersten 30 numerierten Abschnitte der *Gedanken* widmet. Locke sagt hierzu: *...es läuft alles auf diese wenigen und leicht zu befolgenden Regeln hinaus: viel frische Luft, körperliche Bewegung und Schlaf, einfache Kost, keinen Wein oder starke alkoholische Getränke und sehr wenig oder gar keine Medizin, nicht zu warme und enge Kleidung, besonders Kopf und Füße kühl halten und die Füße an kaltes Wasser gewöhnen und oft der Nässe aussetzen.*[146]

Hauptziele der charakterlichen Erziehung sind für Locke *Tugend, Lebensklugheit, gute Manieren* und *Bildung*.[147] Er bringt zahlreiche Anweisungen zur Erreichung dieser verschiedenen Ziele; zum Beispiel solle man die Kinder lieber durch einen Hauslehrer als in der Schule unterrichten lassen. Locke gibt Ratschläge zur Unterweisung im Schreiben, Lesen und Rechnen. Darüber hinaus macht er auf den Nutzen aufmerksam, den das Erlernen anderer Fähigkeiten, zum Beispiel in Fremdsprachen, hat. Er betont zwar, es gehe ihm nicht um die Erziehung zum Gelehrten, bietet aber auch Hinweise zum Aufbau des Studiums bestimmter Fächer an (z. B. Geschichte, Rechtswissenschaft) – bis hin zu konkreten Lektürevorschlägen. Mit Nachdruck weist er die ihm aus seiner Universitätszeit vertraute Disputation als Unterrichtsmethode zurück. Locke unterstreicht jedoch, daß jeder methodisches Denken und die Fähigkeit, begrifflich klare Unterscheidungen zu treffen, erlernen sollte.

Wichtigstes Ziel der Erziehung ist nach Locke das ethische, d. i. die Ausbildung des Kindes zur an Vernunft und Tugend orientierten Person: *Es ist also die Tugend, reine Tugend, die das schwer zu erreichende und wertvolle Ziel ausmacht, das in der Erziehung zu erstreben ist... Alle anderen Rücksichten und Fertigkeiten sollten ihr Platz machen und hintan gestellt werden. Sie ist das dauerhafte und wesentliche Gut.*[148] Das Kind solle sich so entwickeln, daß es schließlich *bei allen Anlässen geneigt ist, nur dem zuzustimmen, was der Würde und dem hohen Range eines vernunftbegabten Wesens angemessen ist*[149]. – Wie ist nun bei der Erziehung zur vernunftbestimmten, tugendhaften Person vorzugehen? Locke richtet sich entschieden gegen die *herkömmliche Erziehungsmethode*[150], bei der Kindern ständig Regeln vorgehalten werden. Als *das ungeeignetste aller Erziehungsmittel* bezeichnet er das Schlagen; es sei *die gewöhnliche, denkfaule und kurz angebundene Methode*[151]. Locke empfiehlt, Tugendhaftigkeit durch Übung nach und nach zu einem Verlangen im Kind zu machen. Dabei passe man sich den individuellen Anlagen und Fähigkeiten des Kindes an und verwende am besten viele konkrete Beispiele. Besonders wichtig sei, daß die Eltern sich vorbildhaft verhielten. – Locke regt an, Kinder so früh wie möglich auch als vernünftige Wesen zu behandeln. Zum Beispiel sollten wir dem Kind immer Begründungen dafür geben, warum wir bestimmte Handlungen loben und andere verwerfen. Locke rät allerdings davon ab, Kinder mit philosophischen Vorträgen zu langweilen: *Wenn ich aber von Vernunftgründen rede, so meine ich damit keine anderen als solche, die der Fähigkeit und dem Fassungsvermögen des Kindes angemessen sind. Es kann niemand der Ansicht sein, man solle mit einem Jungen von drei oder sieben Jahren argumentieren wie mit einem erwachsenen Mann. Lange Auseinandersetzungen und philosophische Beweisführungen setzen im besten Fall Kinder ins Staunen und verwirren sie, belehren sie aber nicht.*[152] Vielmehr könnten wir durch verständliche Begründungen moralischer Wertungen, Übung und Beispiele die Entwicklung des Kindes zur verantwortungsbewußten und sich an Vernunft ausrichtenden Person fördern.

Am Schluß der *Gedanken* drückt Locke den Wunsch aus, die Eltern selbst möchten es *bei der Erziehung ihrer Kinder riskieren, lieber ihre eigene Vernunft zu befragen, als sich ganz auf althergebrachte Sitten zu verlassen*[153].

Politische Philosophie

In *Zwei Traktate über die Regierung*, seinem Hauptwerk zur politischen Philosophie, unterscheidet Locke streng zwischen elterlicher und politischer Autorität. Die elterliche Autorität erwachse aus der Pflicht der Eltern, für ihre Nachkommen zu sorgen, deren Vernunftvermögen auszubilden und sie zu verantwortungsbewußten Personen zu erziehen. Locke hebt hervor, daß wir als Kinder nur der elterlichen Autorität unterstehen; wir werden nicht als Untertanen einer Regierung oder eines Landes geboren. Staatsbürger können wir nach Locke nur durch unsere eigene Zustimmung werden, wenn wir der Autorität der Eltern entwachsen sind. Und die elterliche Autorität über die Kinder endet, sobald letztere das *Stadium der Vernunft, dieses Alter der Selbstverantwortlichkeit*[154] erreicht haben: Erst wenn das Vernunftvermögen ausgebildet ist, kann (und muß) vom Menschen politische Entscheidungsfreiheit und Verantwortlichkeit erwartet werden (neben der oben diskutierten allgemeinen Freiheit zur Selbstbestimmung im Handeln). *Erst dann ist er ein freier Mensch, der auch die freie Entscheidung darüber hat, welcher Regierung er sich unterstellen will und welchem politischen Körper er sich anschließen möchte.*[155] – Aber wodurch ist nun überhaupt politische Autorität, d. i. staatliche Macht, legitimiert? Welche Funktion hat sie zu erfüllen? Diese Fragen zu beantworten ist Lockes Hauptaufgabe in *Zwei Traktate über die Regierung*.

Im Vorwort macht Locke auf den fragmentarischen Charakter der Schrift aufmerksam: der Mittelteil sei verlorengegangen; Locke drückt die Hoffnung aus, die *Traktate* möchten es dennoch bewerkstelligen, *den Thron unseres großen Retters, des gegenwärtigen Königs Wilhelm zu festigen und die Berechtigung seines Anspruchs auf die Zustimmung des Volkes zu beweisen*[156]. Dieser Hinweis bewirkte, daß man lange Zeit meinte, Locke habe die *Traktate* 1689 zur Rechtfertigung der glorreichen Revolution von 1688 verfaßt. Die Unhaltbarkeit dieser Auffassung ist in den fünfziger Jahren dieses Jahrhunderts von Peter Laslett aufgezeigt worden. Lasletts Forschungen ergaben, daß Locke die Niederschrift der *Traktate* im wesentlichen bereits vor 1683 abgeschlossen hatte und der Text folglich nicht die Rechtfertigung eines Ereignisses von 1688 enthalten kann. Der historische Kontext, in dem die *Traktate* entstanden sind, ist die im zweiten Kapitel geschilderte «Exklusionskrise» der Jahre 1679 bis 1681 – die Zeit also, als Shaftesbury und die Whigs den katholikenfreundlichen Karl II. stürzen und die protestantische Thronnachfolge sichern wollten, um so eine absolute Monarchie nach dem Vorbild Frankreichs zu verhindern. Die Begründung für ein Recht des Volkes auf Revolution ist zwar wichtiger Bestandteil der Theorie der *Traktate*; aber historisch betrachtet sind Lockes Argumente nicht als Rechtfertigung eines vollbrachten Umsturzes, sondern im Sinne der Ziele der Whigs als Forderung nach einer Revolution zu verstehen. Das Vorwort sowie einige weitere Hinzufügungen und Änderungen verfaßte Locke erst kurz vor der Publikation seiner Schrift im Jahre 1689, um sie der neuen politischen Situation anzupassen. Er hoffte, mit der Veröffentlichung der *Traktate* zur Vollendung des Revolutionsprozesses beitragen zu können.[157] Locke war die politische Brisanz dieses Buches bewußt, und er publizierte es im Gegensatz zum *Essay* und zu den *Gedanken zur Erziehung* anonym. Dennoch wurde seine Autorschaft bald allgemein bekannt. Freilich haben die *Traktate* einen Geltungsanspruch, der über den unmittelbaren historischen Kontext hinausgeht; dies ist ihnen durch die Geschichte ihrer Wirkung mehrfach bestätigt worden.

Der Aufbau des publizierten Textes ist dem des *Essay* ähnlich: Im ersten Teil kritisiert Locke eine bestimmte, von ihm als falsch erkannte Lehre, im zweiten legt er seine eigene Theorie dar. Locke wendet sich im *Ersten Traktat* gegen einen energischen Verfechter der absoluten Monarchie, den heute kaum noch bekannten Sir Robert Filmer. Thomas Hobbes, an den man meist als den Theoretiker des Absolutismus denkt, spielte eine untergeordnete Rolle in der politischen Auseinandersetzung zu der Zeit, als Locke die *Traktate* abfaßte. Hobbes' Lehre war bei allen Parteien unbeliebt; sein Name stand für Materialismus und Atheismus und wurde allgemein als Schimpfwort benutzt. Filmer dagegen wurde von den Anhängern Karls II. sehr geschätzt und hatte während der Exklusionskrise herausragende politische Bedeutung; denn in seinem postum im Jahre 1680 erschienenen Buch «Patriarcha» vertritt er die Tory-Ideologie vom vielbeschworenen göttlichen Recht der Könige. Locke bringt allerdings im *Zweiten Traktat* auch Argumente vor, die gegen Hobbes gerichtet sind – ohne jedoch dessen Namen zu erwähnen. – Nach Filmer leitet sich politische Autorität nicht vom Volk, sondern letztlich von Gott her. Mit Hilfe mannigfacher Verweise auf die Bibel versucht Filmer zu zeigen, daß Gott die ganze Erde dem ersten Menschen, Adam, und dessen nachfolgenden Erben unter Ausschluß der übrigen Nachkommenschaft geschenkt habe: Alle Macht der Königshäuser gründe in dem ursprünglichen Herrschaftsgeschenk an Adam und in dessen väterlicher Gewalt. Jede königliche Herrschaft sei dadurch Ausdruck des göttlichen Willens; und diesen habe ein jeder in der jeweiligen Obrigkeit anzuerkennen und zu ehren. Niemand kann nach dieser Lehre von Natur aus frei

D U
GOUVERNEMENT
C I V I L,

Où l'on traitte de l'Origine, des
Fondemens , de la Nature,
du Pouvoir, & des Fins
des Sociétez Poli-
tiques.

Traduit de l'Anglois.

A AMSTERDAM,
Chez ABRAHAM WOLFGANG,
prés de la Bourfe.
M DC XCI.

*Titelseite der französischen
Übersetzung von Lockes
Zweitem Traktat über die
Regierung, 1691.
Lockes Exemplar mit der
handschriftlichen Notiz
«Pax ac Libertas»*

sein; denn ein jeder ist immer schon, sei es auch in vermittelter Weise, der
ursprünglichen Herrschaft Adams unterworfen. Für Filmer gibt es nur
eine legitime Regierungsform: die absolute Monarchie. – Locke hat keine
Schwierigkeiten, Schritt für Schritt Filmers Konstruktion einer königlichen Willkürherrschaft von Gottes Gnaden zu widerlegen. Er zeigt, daß
Adam laut Bibel nicht über die von Filmer behauptete Macht verfügte;
Gott habe die Erde nicht Adam, sondern der ganzen Menschheit gemein-
schaftlich gegeben. Locke argumentiert auch gegen die Folgerungen, die
Filmer aus seinen ursprünglichen Annahmen zieht: Selbst wenn Adam
die behauptete Gewalt über die Erde besessen hätte, so hätten doch seine
Erben kein Recht darauf gehabt; und weiter: Selbst wenn die Erben dieses Recht besäßen, so sei doch das Recht der Erbfolge gar nicht bestimm-
bar; denn es gebe keine Regel, die für alle Fälle festlege, wer als der

rechtmäßige Erbe zu gelten habe; und schließlich: Selbst wenn das Recht der Erbfolge bestimmt wäre, so könnte unter den unzähligen Rassen und Familien keine bestimmte einen Anspruch auf das Erbrecht geltend machen; denn das Wissen über die älteste Linie der Nachkommenschaft Adams sei längst verlorengegangen.[158]

Nach der immanenten Widerlegung Filmers folgt im *Zweiten Traktat* Lockes eigene Theorie *über den wahren Ursprung, die Reichweite und den Zweck der staatlichen Regierung*[159]. Locke dürfte wie im *Essay* auch hier die Argumentation für die neue Theorie gleichzeitig als beste Widerlegung der kritisierten Lehre ansehen. Um die politische Macht des Staates ihrer Legitimation und Funktion nach zu erklären, bedient sich Locke im Gegensatz zu Filmer der aus der Tradition der Naturrechtslehre bekannten Konstruktion eines vorstaatlichen Naturzustandes. Mit Hilfe des Naturzustandsgedankens zeigt Locke zunächst auf, welche Rechte und Pflichten der Mensch «von Natur aus», d. h. unabhängig von aller positiven staatlichen Gesetzgebung hat. Auch Hobbes arbeitete mit der Idee des Naturzustandes; aber bei Hobbes hat diese Idee lediglich die Funktion, auf menschliche Anlagen hinzuweisen, die zu derartigen Schwierigkeiten im Zusammenleben führen, daß die Menschen sich zur Staatsgründung gezwungen sehen; für Hobbes ist der Naturzustand notwendigerweise ein Kriegszustand. Gegen diese Konzeption wendet sich Locke ausdrücklich. Nach Locke besteht ein Kriegszustand überall dort, wo es ungerechte Gewaltanwendung gibt; dazu kann es sowohl im Naturzustand als auch im gesellschaftlichen Zustand kommen. Keinesfalls dürfe man den Naturzustand mit dem Kriegszustand einfach gleichsetzen. – Locke konzipiert den Naturzustand als einen Zustand vollkommener Freiheit und Gleichheit; damit ist gesagt, daß es keinen Menschen gibt, der von Natur aus rechtlich über anderen steht. Nach Locke sind die Menschen allein Gottes Eigentum und ursprünglich keinem Menschen untertan. Als Geschöpfe Gottes haben sie die Pflicht zur Selbsterhaltung: Sie haben nicht das Recht, sich selbst zu zerstören. Dies impliziert auch ein Verbot der Sklaverei: Niemand hat das Recht, sich der absoluten Willkür eines anderen zu unterwerfen. Aus der Pflicht zur Selbsterhaltung erwächst nun gemäß Locke das Recht der Menschen, alles zu tun, was sie für ihre Selbsterhaltung als erforderlich erachten: Niemand ist von Natur aus dazu befugt, andere in ihrer Handlungsfreiheit einzuschränken. Trotz der Freiheit und Gleichheit des Naturzustandes ist dieser für Locke durchaus als rechtlicher Zustand zu denken: *Aber obwohl dies ein Zustand der Freiheit ist, so ist es doch nicht ein Zustand der Zügellosigkeit... Im Naturzustand herrscht ein Naturgesetz, das jeden verpflichtet.*[160] Das aus Lockes Ethik-Konzeption bekannte Naturgesetz ist nicht nur das Fundament der Moralität, sondern auch das des rechtlichen Verhältnisses zwischen den Menschen. Ihm kommt auch hier absolute Geltung und allgemeine Verbindlichkeit zu. Das Naturgesetz verpflichtet vor und unabhängig von aller positiven Gesetzgebung. Aber wozu verpflichtet uns das Naturgesetz in rechtlicher Hinsicht? Locke betont wieder, daß das Naturgesetz mit dem übereinstimme, was die Vernunft entdecke: *Und die Vernunft, der dieses Gesetz entspricht, lehrt die Menschheit, wenn sie sie nur befragen will, daß niemand einem anderen, da alle gleich und unabhängig sind, an seinem Leben, seiner Gesundheit, seiner Freiheit oder seinem Besitz Schaden zufügen soll.*[161] Ein jeder ist demnach laut Naturgesetz dadurch in seinem Freiheitsgebrauch eingeschränkt, daß er verpflichtet ist, Leben (einschließlich Gesundheit), Freiheit und äußeren Besitz anderer Individuen unversehrt zu lassen. Dies bedeutet, anders gesagt, daß jeder ein Recht auf diese Güterdreiheit hat: Es ist ein vom Naturgesetz sich herleitendes und dadurch absolut geltendes Menschenrecht. Locke bezeichnet die Dreiheit von Leben, Freiheit und Besitz auch allgemein als das *Eigentum* eines jeden Individuums.[162]

An Leben und Freiheit hat jeder offensichtlich ein ursprüngliches Eigentum: *Wenn die Erde und alle niederen Lebewesen wohl allen Menschen gemeinsam eignen, so hat doch jeder Mensch ein Eigentum an seiner eige-*

nen Person. *Auf diese hat niemand ein Recht als nur er allein.*[163] Und da die Menschen die Pflicht zur und das Recht auf Selbsterhaltung haben, haben sie auch ein Recht *auf Speise und Trank und alle anderen Dinge, die die Natur für ihren Unterhalt hervorbringt*[164]. Aber wie läßt sich angesichts des ursprünglichen Allgemeinbesitzes ein Recht auf individuellen Sachbesitz im vorstaatlichen Zustand begründen? Locke entwickelt zu diesem Problem eine inzwischen berühmt gewordene Theorie, mit der er sich von anderen Eigentumstheoretikern seiner Zeit absetzt. Locke weist nicht nur Filmers Lehre zurück, nach der überhaupt nur Adam und die von ihm abstammenden absoluten Monarchen ein Recht auf Besitz haben können, sondern zum Beispiel auch die Auffassung, gemäß der die Menschen durch vorstaatliche Verträge Besitzrechte erlangen. Für Locke ist all dasjenige wahrhaft mein, was ich mir durch Arbeit angeeignet habe: Rechtliche Grundlage des äußeren Besitzes ist das ursprüngliche Eigentum, das ein jeder an seiner eigenen Person hat. Denn zu diesem ursprünglichen Eigentum gehört auch der eigene Körper und die mit ihm verrichtete Arbeit: ... *diese Arbeit ist das unbestreitbare Eigentum des Arbeitenden.*[165] Durch Arbeit vereinige man seine eigene Person mit dem bearbeiteten Gegenstand und erwerbe so ein Recht auf ihn; man schließe ihn durch seine Arbeit aus dem gemeinsamen Recht der anderen Menschen aus: *Was immer er also jenem Zustand entrückt, den die Natur vorgesehen und in dem sie es belassen hat, hat er mit seiner Arbeit gemischt und hat ihm etwas hinzugefügt, was sein eigen ist – es folglich zu seinem Eigentum gemacht.*[166] Dies bedeutet auch, daß die Arbeit dem Sachbesitz Schranken setzt: Nur dasjenige, was ich mir durch Arbeit angeeignet habe, ist wahrhaft mein. Als weitere Erwerbsbeschränkung sieht Locke den Bedarf an: *So viel als ein jeder zu irgendwelchem Vorteil für sein Leben nutzen kann, bevor es verdirbt, darf er sich zu seinem Eigentum machen. Was darüber hinausgeht, ist mehr als ihm zusteht, und gehört den anderen.*[167] Es sei im Naturzustand auch gar nicht sinnvoll, mehr anzuhäufen, als man benötigte; denn es seien genug Güter zur Selbsterhaltung eines jeden vorhanden. Bei Einhaltung der gebotenen Erwerbsschranken Arbeit und Bedarf sei garantiert, daß es im Naturzustand keine Konflikte geben könne, die den äußeren Besitz beträfen: *Recht und Annehmlichkeit* laufen zusammen.[168] – Locke unterscheidet nun zwischen einem Naturzustand vor und einem Naturzustand nach Einführung des Geldes. Durch Geld als nichtverderblichem Tauschmittel werde es erlaubt und sinnvoll, mehr Besitz anzuhäufen, als zur Selbsterhaltung unbedingt erforderlich sei; dasjenige, was über den Selbstbedarf hinaus erworben oder produziert werde, könne gegen Geld abgesetzt werden. Und, so führt Locke aus, nach Einführung des Geldes gehen *Recht und Annehmlichkeit* nicht mehr einfach zusammen. Die jetzt mögliche Anhäufung von Besitz über den Bedarf hinaus führt zu Ungleichheit und Eigentumskonflikten. Erst im Staat werden die Besitzverhältnisse durch positive Gesetze geregelt.

Im Naturzustand gibt es keine positiven Gesetze, sondern nur das Naturgesetz. Nach Locke gilt jedoch, daß wir als vernunftbegabte Wesen auch im Naturzustand für unsere Handlungen und damit für Übertretungen des uns verpflichtenden Naturgesetzes nicht lediglich moralisch verantwortlich sind: Gesetzesübertretungen im Naturzustand haben durchaus rechtliche Konsequenzen. Im Gegensatz zu den meisten anderen Naturzustandslehren seiner Zeit argumentiert Locke, daß ein jedes Individuum das Recht hat, *andere wegen der Verletzungen dieses Gesetzes zu verurteilen und sie so zu bestrafen, wie es seiner Überlegung nach das Vergehen verdient*[169]. Aus der Gleichheit aller Menschen im Naturzustand geht hervor, daß in ihm *alle Macht und Rechtssprechung wechselseitig sind*[170]. In Ermangelung entsprechender Institutionen muß im Naturzustand die Bestrafung von Verletzungen des Naturgesetzes in die Hände der Individuen selbst gelegt werden. Die Berechtigung eines jeden Individuums zur Bestrafung ist jedoch, wie Locke deutlich macht, kein Recht auf willkürliche Racheakte. Vielmehr habe sich der Strafende an die Gebote der Vernunft und des Gewissens zu halten und er dürfe nur der Schwere des Vergehens entsprechend bestrafen. – Aber es ist natürlich nicht garantiert, daß die Individuen dieser Forderung nachkommen. Es besteht im Naturzustand immer die Gefahr, daß Urteilssprechung und Bestrafung nach bloß subjektiv-willkürlichen Maximen vollzogen werden: Obwohl der Naturzustand als rechtlicher Zustand zu denken ist, ist in ihm die naturgesetzlich einem jeden zustehende Güterdreiheit von Leben, Freiheit und Besitz nicht wirklich garantiert. In dieser Unsicherheit wurzeln nach Locke Legitimation und Autorität des Staates: Erst im staatlichen Zustand können Leben, Freiheit und Besitz wahrhaft geschützt werden; denn erst dann gibt es die Instanzen, die als faktischer Garant dieser Güterdreiheit fungieren können. Zu diesen Instanzen gehören ein feststehender Gesetzeskodex, auf den man als allgemein anerkannte Norm für Recht und Unrecht und als Maßstab zur Entscheidung von Streitfällen verweisen kann; ein allen gemeinsamer unparteiischer Richter, der die Autorität hat, den feststehenden Gesetzen gemäß zu urteilen; und eine unabhängige Exekutive, die *für die gebührende Vollstreckung sorgt*[171]. Es ist die Funktion des Staates, mittels dieser Gewalten die Mängel des Naturzustandes aufzuheben und für den Schutz und die Erhaltung des Rechtes eines jeden auf Leben, Freiheit und äußeren Besitz zu sorgen. Auf diese Weise also dient der Gedanke vom Naturzustand bei Locke dazu, die Legitimität von politischer Autorität zu begründen: Nur durch letztere kann das uns naturgesetzlich Zustehende wirklich bewahrt werden. Unverkennbar ist die Funktion des Staates laut *Traktate* eine andere als nach Lockes frühen politischen Abhandlungen von 1660 und 1661; gemäß diesen hat der Staat die Aufgabe, für Ruhe und Ordnung um ihrer selbst willen zu sorgen; laut *Traktate* hat er dagegen die Aufgabe, ja die Verpflichtung, den Schutz des Individuums und seiner Rechte zu garantieren. – Locke zeigt jedoch, daß nicht jede als Staatsform auftretende Herrschaft tatsächlich ein Fortschritt gegenüber dem Naturzustand ist: In der absoluten Monarchie etwa gibt es keinen gemeinsamen unparteiischen Richter, an den man sich wenden kann, wenn einem Schaden von seiten des Monarchen oder auf dessen Befehl hin zugefügt wird; folglich ist die absolute Monarchie nicht wirklich eine Form des staatlichen Zustands, denn sie entbehrt dessen wesentlicher Charakteristika. Der absolute Monarch kann daher keine legitime politische Autorität haben. Locke bemerkt, daß für den Menschen der Naturzustand der absoluten Monarchie sogar vorzuziehen sei; denn in der absoluten Monarchie ist der Mensch *auch der Freiheit beraubt, über sein Recht zu urteilen und es zu verteidigen – als sei er unter den normalen Zustand vernünftiger Wesen erniedrigt worden*[172].

Wie aber konstituiert sich legitime politische Autorität? Anders als Filmer, für den politische Autorität letztlich auf ein persönliches Geschenk Gottes zurückgeht, knüpft Locke in diesem Zusammenhang an die auf die Antike zurückgehende Tradition der Vertragstheorie an: Für Locke ist legitime politische Herrschaft nicht göttlichen, sondern menschlichen Ursprungs; die Konstitution des Staates ist zu denken als vertragliche Übereinkunft der Menschen, *sich zusammenzuschließen und in eine Gemeinschaft zu vereinigen, mit dem Ziel, behaglich, sicher und friedlich miteinander zu leben*[173]. Durch diesen ursprünglichen Gesellschaftsvertrag entsagen die Individuen ihrer natürlichen Freiheit und Gleichheit und unterwerfen sich einer von ihnen eingesetzten Obrigkeit. Diese wird mit der Autorität ausgestattet, zum Schutz der Individuen und ihrer Rechte positive Gesetze zu schaffen und Übertretungen dieser Gesetze zu bestrafen. Die Unterwerfung unter legitime politische Herrschaft kann nicht erzwungen sein: Die Idee des Gesellschaftsvertrags hat bei Locke die der freien (ausdrücklichen oder auch stillschweigenden) Zustimmung der sich zur Gesellschaft vereinigenden Individuen zur Voraussetzung. Daher sind, wie zu Beginn des Kapitels angedeutet wurde, nur Erwachsene imstande, sich politischer Autorität zu unterstellen, d. i. Personen, die das *Stadium der Vernunft* erreicht haben. Und nur diejenige Obrigkeit hat legitime Autorität und damit das Recht, Gehorsam zu verlangen, die sich von der freien Zustimmung der Mitglieder der Gesellschaft herleitet. – Durch den Gesellschaftsvertrag vereinigen sich die Individuen zu einem einzigen politischen Körper; dieser ist nach Locke nur dann handlungsfähig, wenn von allen akzeptiert wird, daß der Wille und der Beschluß der Mehrheit für ihn handlungsbestimmend sein müssen. Locke begründet die Anerkennung des Mehrheitsprinzips nicht eigens, sondern betrachtet sie als Bestandteil des ursprünglichen Vertrags. Die Mehrheit habe zuerst über die Staatsform zu bestimmen, die die Gesellschaft annehmen solle; sie möge sich dabei für eine demokratische, oligarchische, konstitutionell-monarchische oder eine gemischte Staatsform entscheiden. Welche Staatsform entstehe, hänge davon ab, wem die gesetzgebende Gewalt zugeteilt werde; denn die Legislative sei die höchste Gewalt im Staat, der

alle anderen Gewalten unterzuordnen seien. Locke geht im *Zweiten Traktat* auf eine Reihe verfassungsrechtlicher Probleme ein; entscheidend ist,
daß er sich nachdrücklich für die Gewaltenteilung ausspricht. Er hat dabei vor allem die Trennung der legislativen von der exekutiven Gewalt im
Blick. Die Teilung von gesetzgebender und vollziehender Gewalt sei erforderlich, um wenigstens den Machtmißbrauch von vornherein abwen-
den zu können, der durch Machtkonzentration möglich würde. Auch darf
die gesetzgebende Gewalt, obwohl höchste Gewalt im Staat, nicht *eine
willkürliche Gewalt über Leben und Schicksal des Volkes* sein[174]: Sie ist
selbst an die Erfüllung des Staatszweckes und an das Naturgesetz gebun-
den; der Staat hat ja nach Locke gerade die Aufgabe, das Naturgesetz in
der rechtlichen Sphäre durch positive Gesetze zu erzwingen. Und die positiven staatlichen Gesetze *sind nur insoweit rechtens, als sie im Naturgesetz gründen, nach welchem sie auszurichten und auszulegen sind*[175]. – Des
weiteren darf die Legislative nicht nach willkürlichen Maßnahmeverord-
nungen regieren; sie ist *verpflichtet, nach öffentlich verkündeten stehenden Gesetzen und durch autorisierte Richter für Gerechtigkeit zu sorgen
und über die Rechte der Untertanen zu bestimmen*[176]; täte sie dies nicht,
wären Leben, Freiheit und Besitz der Menschen ebenso unsicher wie im
Naturzustand und der Zweck des Staates wäre nicht erfüllt. – Locke handelt nicht explizit von einer unabhängigen Judikativen; aber die Konzeption einer Dreiteilung der Gewalten ist in seiner oben besprochenen Darstellung der Mängel des Naturzustandes angedeutet, wo er auch die
Forderung nach unabhängigen Richtern erhebt. In den Händen der Exekutiven haben nach Locke zwei weitere Gewalten zu liegen: eine Födera-
tive, die *für die Sicherheit und Interessen des Volkes nach außen* zu sorgen
hat[177]; und eine Prärogative mit dem Recht, in Notstandssituationen
ohne Rücksicht auf positive Gesetze zu handeln; das Naturgesetz muß
allerdings auch hier eingehalten werden.

Locke bestimmt das Verhältnis der Mitglieder der Gesellschaft zu der
von ihnen eingesetzten Obrigkeit durch den Begriff des Vertrauens: Sie
legen Macht in die Hände der Obrigkeit in dem Vertrauen darauf, daß
diese gemäß Naturgesetz und Staatszweck handelt. Genügt sie diesem
Vertrauen, so hat sie das Recht, von den Bürgern Gehorsam zu verlangen; bricht sie jedoch das Vertrauen durch Machtmißbrauch, dann (und
nur dann) hat das Volk das Recht, ihr den Gehorsam zu verweigern und
aktiv Widerstand zu leisten. Für Locke liegt Machtmißbrauch bei unge-
rechter Gewaltanwendung vor, d. h. immer dann, wenn die Obrigkeit
dem Staatszweck zuwiderhandelt und versucht, *entweder selbst absolute
Gewalt über Leben, Freiheit und Besitz des Volkes an sich zu reißen oder
sie in die Hände eines anderen zu legen*[178]. Durch unrechtmäßige Gewaltanwendung versetzen sich die Machthaber den Untertanen gegenüber in
einen Kriegszustand; diese haben folglich das Recht, *sich zu verteidigen
und dem Aggressor Widerstand zu leisten*[179]. Durch den Vertrauensbruch

hat die Obrigkeit ihren Machtanspruch verloren; *die Macht fällt zurück an das Volk, das dann ein Recht hat, zu seiner ursprünglichen Freiheit zurückzukehren*[180]. Der Widerstand des Volkes soll nach Locke kein blinder Racheakt sein, sondern der Einsetzung einer neuen Obrigkeit dienen mit dem Ziel, Leben, Freiheit und Besitz der Individuen wahrhaft zu schützen. Entstehe die Situation, in der Widerstand gerechtfertigt sei, dann müsse sich dieser auch gewaltsamer Mittel bedienen dürfen; anderenfalls könnte der Widerstand angesichts der Gewalt der Herrschenden sein Ziel unmöglich erreichen und wäre von vornherein *lächerlich*. Höhnisch stellt Locke fest: *Wie man Widerstand leisten soll, ohne zurückzuschlagen, oder wie der Schlag mit Ehrerbietung zu führen ist, das verständlich zu machen, wird einiger Geschicklichkeit bedürfen.*[181] Noch schärfer wendet sich Locke gegen die Auffassung, nach der Ruhe und Ordnung im Staat absolute Priorität haben und Widerstand daher überhaupt nicht erlaubt sein kann: *Wenn der unschuldige, ehrliche Mensch alles, was er hat, um des Friedens willen stillschweigend demjenigen überlassen muß, der gewaltsam Hand darauf legt, dann möchte ich bitten, darüber nachzudenken, wie jener Friede in der Welt aussehen wird, der nur aus Gewalttat und Raub besteht und lediglich zum Vorteil von Räubern und Unterdrückern gewahrt werden soll. Wem würde es nicht als ein trefflicher Friede zwischen dem Mächtigen und dem Schwachen erscheinen, wenn das Lamm seine Kehle dem gebieterischen Wolf widerstandslos zum Zerreißen darböte!*[182] Locke weist hier eine These zurück, die er selbst in seinen frühen, von ihm nicht publizierten Schriften noch vertreten hatte: In den Abhandlungen über die Obrigkeit aus den Jahren 1660 und 1661 behauptet Locke, daß die Untertanen zu Gehorsam auch gegenüber ungerechten Befehlen der Obrigkeit verpflichtet seien. Im nach dem Wechsel zu Shaftesbury verfaßten *Essay zur Toleranz* sagt er bereits, daß der Untertan dazu verpflichtet sei, den Gehorsam zu verweigern, wenn die Obrigkeit lasterhafte Handlungen befehle; aber ein Recht auf aktiven Widerstand gibt es hier auch noch nicht. Lockes Position in bezug auf das Widerstandsrecht änderte sich vornehmlich durch seine politischen Erfahrungen in der Zeit der Exklusionskrise. Er sah die reale Gefahr königlichen Machtmißbrauchs und begründete in theoretischer Unterstützung der Forderungen Shaftesburys und der Whigs ein Recht auf Revolution zur Wiederherstellung bzw. Erhaltung des geordneten staatlichen Zustands. Laut *Traktate* haben die Bürger nicht nur das Recht, sich von Tyrannei (d. i. der *Ausübung einer Gewalt jenseits allen Rechtes*[183]) zu befreien, *sondern auch ein Recht, sie zu verhindern*[184]. – Die politische Philosophie Lockes erhält durch die Lehre vom Widerstandsrecht ihre innere Geschlossenheit: Sie nimmt ihren Ausgang vom Naturzustandsgedanken, geht über zur Idee legitimer staatlicher Autorität und endet mit dem Argument für deren rechtmäßige Auflösung und Neubesetzung durch das Volk, bei dem letztlich die höchste Gewalt über die Macht verbleibe.

Religionsphilosophie

Insofern in Lockes Religionsphilosophie das Problem der religiösen Toleranz thematisch wird, ist sie auch Bestandteil seiner politischen Theorie. Wie wir wissen, hatte sich Locke schon seit Ende der fünfziger Jahre mit der Toleranzfrage beschäftigt. Im Winter 1685/86 unterbrach er seine Arbeit am *Essay* und widmete sich der Abfassung einer weiteren Toleranzschrift, die er 1689 als *Brief über Toleranz* publizierte, ohne sich als Autor erkennen zu geben. Anlaß zu der erneuten Auseinandersetzung mit dem Toleranzproblem dürfte eine öffentlich geführte Debatte zu diesem Thema gewesen sein, die unmittelbar nach der Thronbesteigung Jakobs II. im Jahre 1685 entstand. Jakob plante nämlich umfassende Indulgenzerklärungen, die er 1687 und 1688 schließlich erließ. Diese Erklärungen entsprangen nicht freiheitlicher Gesinnung, sondern sollten dazu beitragen, Jakobs Rekatholisierungspolitik formell abzusichern und gleichzeitig die protestantischen Dissenter zu befrieden. Locke war mit der diesbezüglichen Debatte ebenso vertraut wie mit der Diskussion des Toleranzproblems, wie sie in den Schriften Samuel Pufendorfs, von den protestantischen Flüchtlingen aus Frankreich und den Remonstranten in Holland geführt wurde. – Locke blieb im Hinblick auf den *Brief über Toleranz* (wie schon in bezug auf die *Traktate*) peinlich darauf bedacht, seine Autorschaft geheimzuhalten. Als sein Freund Limborch das Geheimnis gemeinsamen Bekannten in Holland mitteilte, war Locke so verärgert, daß es fast zum Bruch mit Limborch kam. Die kurze Schrift – 96 Duodezseiten im Original – weist erwartungsgemäß inhaltliche Gemeinsamkeiten mit *Zwei Traktate über die Regierung* auf.

Lockes Ausführungen zur *Duldung derer, die von andern in Religionssachen abweichen*, heben mit einer strengen Unterscheidung *zwischen dem Geschäft der staatlichen Gewalt und dem der Religion* an.[185] Entsprechend der Lehre der *Traktate* sagt Locke, es sei Aufgabe des Staates, für den Schutz des Rechtes eines jeden Menschen auf Leben, Freiheit und äußeren Besitz zu sorgen. Sache der Religion sei dagegen die Sorge um das Seelenheil, um das ewige Leben. Diese Sorge ist für Locke eine rein individuelle Angelegenheit; die Rechtsgewalt des Staates kann und darf *in keiner Weise auf das Heil der Seelen ausgedehnt werden*[186]. Dies gelte schon darum, weil religiöse Überzeugungen (wie alle Überzeugungen) sich prinzipiell nicht erzwingen ließen, nur im äußeren Zwang aber die Macht der staatlichen Obrigkeit liege. Darüber hinaus widerspreche eine Erweiterung der staatlichen Rechtsgewalt auf das Seelenheil dem Wesen der Religiosität; zu diesem gehöre es nämlich, daß das Individuum seinen Glauben auf Grund seines eigenen Urteils für wahr halte; jemand kann es also gar nicht anderen, auch nicht der staatlichen Obrigkeit, überlassen, *ihm vorzuschreiben, welchen Glauben oder Gottesdienst er annehmen solle*[187]. Die staatliche Obrigkeit hat sich demzufolge nicht in die Glaubensangelegenheiten der Bürger einzumischen. Locke bemerkt weiter, daß auch Privatpersonen und Kirchen untereinander zur wechselseitigen Duldung in bezug auf Religionssachen verpflichtet sind. Eine Kirche ist nach Locke eine freiwillige Gemeinschaft von Individuen mit gleichen religiösen Überzeugungen. Wie für jeden Verein gelte auch für die Kirche, daß derjenige, der hartnäckig gegen ihre Gesetze verstoße, von ihr ausgeschlossen werden könne. Es sei aber darauf zu achten, daß der ausgeschlossenen Person dabei kein Schaden an Leben, Freiheit und Besitz zugefügt werde: *Niemand also ... weder einzelne Personen noch Kirchen, ja nicht einmal staatliche Gemeinschaften haben einen Rechtstitel, in ihre gegenseitigen bürgerlichen Rechte und weltlichen Güter auf Grund von religiösen Ansprüchen einzugreifen.*[188]

Ein wichtiges Moment von Lockes Toleranzkonzeption ist, daß sich die Pflicht der Obrigkeit zur Duldung nicht nur auf die verschiedenen spekulativen Glaubenssätze und deren Veröffentlichung (z. B. durch Predigen) bezieht, sondern auch auf die Kulthandlungen. Hier unterscheidet sich der *Brief über Toleranz* wie schon der *Essay zur Toleranz* (1667) von Lockes Abhandlungen zu diesem Thema aus den Jahren 1660 und 1661. Gemäß diesen frühen Abhandlungen ist die Obrigkeit durchaus befugt, Kulthandlungen festzulegen; die Untertanen müssen sich aus Gründen der Bewahrung von Ruhe und Ordnung an diese Festlegungen halten, aber sie brauchen ihnen nicht innerlich zuzustimmen; und da der religiöse Glaube letzten Endes nur in der inneren Überzeugung besteht, wird das Seelenheil der Menschen, die nicht an die Gottesdienlichkeit der auferlegten Handlungen glauben, nicht beeinträchtigt. Laut *Brief über Toleranz* gilt dagegen für die Kulthandlungen, was für den religiösen Glauben überhaupt gilt: Sie müssen von den sie ausführenden Individuen selbst als gottesdienlich aufgefaßt werden, *weil alles, was zur Verehrung Gottes verrichtet wird, nur so weit vertretbar ist, als die, von denen es verrichtet wird, an seine Annehmbarkeit für Ihn glauben. Was ohne diese Glaubensbürgschaft getan wird, ist weder an sich selbst gut noch kann es für Gott annehmbar sein.*[189] Glaube und Handlung gehören also zusammen. Das bedeutet: Zwingt die staatliche Obrigkeit die Menschen zu Kulthandlungen, an die sie nicht glauben, so zwingt sie die Menschen zur Sünde und fügt dadurch ihrem Seelenheil Schaden zu; eine solche Zwangsbefugnis kann der Obrigkeit jedoch nicht zustehen. – Die Erweiterung des Toleranzgedankens auf den Handlungsbereich wurde Locke systematisch durch die Änderung seines Begriffs von der Funktion staatlicher Autorität möglich: Da nicht mehr die Bewahrung von Ruhe und Ordnung, sondern der Schutz der Rechte des Individuums höchste Aufgabe des Staates ist, kann einem jeden freie Religionsausübung erlaubt werden. Gleichzeitig verhindert die neue Staatstheorie ebenfalls eine Parteinahme für unbegrenzte Toleranz; die Duldung ist auch laut *Brief über Toleranz* durch den – freilich jetzt anders konzipierten – Staatszweck eingeschränkt. Unbegrenzte Toleranz muß es nach Locke zwar für die spekulativen Glaubenssätze geben, die das Handeln der Menschen nicht beeinflussen; denn es sei nicht Aufgabe der Obrigkeit, für die Wahrheit von Meinungen zu sorgen. Mit Bezug auf praktische Glaubenssätze und Kulthandlungen lasse sich die strikte Trennung von Staat und Kirche aber nicht aufrechterhalten; denn äußere Handlungen seien nicht immer nur Angelegenheit des individuellen Gewissens, sondern könnten auch die Rechtssprechung der staatlichen Obrigkeit betreffen. Zum Konflikt mit dem Staat komme es dann, wenn die jeweilige Religion solche Handlungen vorsehe, die die bürgerlichen Rechte anderer beeinträchtigten und die gegen die zur Erhaltung der bürgerlichen Gesellschaft notwendigen Regeln verstießen. In solchen Fällen müsse der Staatszweck Priorität vor der Duldung der religiös begründeten Handlung haben. Locke gibt allerdings keinen allgemeinen Maßstab an, demgemäß sich stets objektiv entscheiden ließe, ob eine bestimmte Handlung die Erfüllung des Staatszwecks behindere oder das Verbot dieser Handlung seitens der staatlichen Obrigkeit eine Verletzung des Rechtes auf freie Religionsausübung darstelle.

Eindeutig geht aus Lockes Theorie hervor, daß für ihn diejenigen, die überhaupt nicht an die Existenz Gottes glauben, keinen Anspruch auf Duldung haben. Denn: *Versprechen, Verträge und Eide, die das Band der menschlichen Gesellschaft sind, können keine Geltung für einen Atheisten haben.*[190] Atheisten sind darum für Locke nicht bloß Vertreter einer theoretischen Position, sondern sabotieren die Erfüllung des Staatszwecks und dürfen daher nicht toleriert werden. Locke muß die Atheisten außerdem schon deswegen von der Toleranz ausschließen, da für ihn mit der Leugnung Gottes ja der Grund der Verbindlichkeit des Naturgesetzes und mithin jeglichen objektiven Rechtes aufgehoben würde. Locke sagt daher gleich zu Beginn seiner Schrift, es gehe ihm um *die wechselseitige Duldung der Christen verschiedenen religiösen Bekenntnisses*[191]. Prinzipiell läßt sich Lockes Gedanke natürlich auf alle Religionen ausweiten. Konkret ist der *Brief über Toleranz* einerseits gegen die Verfolgung der protestantischen Dissenter durch die anglikanische Geistlichkeit, andererseits gegen den Katholizismus und speziell gegen die entsprechende Politik Jakobs II. gerichtet. Es gelingt Locke, die politische Argumentation mit seiner allgemeinen Theorie begrenzter Toleranz zu verknüpfen: Dieser Theorie folgend mißbilligt er eine Duldung der Katholiken (die er namentlich nicht erwähnt), da die römisch-katholische Kirche *auf einem solchen Boden errichtet ist, daß alle, die ihr zugehören, sich dadurch ipso facto unter den Schutz und in den Dienst eines anderen Fürsten begeben*[192]. Das heißt: Da der Papst gleichzeitig Souverän ist, kann niemand bloß in bezug auf die Religion katholisch sein; denn diese Religion selbst fordert *blinden Gehorsam* gegenüber einer anderen Obrigkeit. Eine Duldung der Katholiken bedeutete daher, daß der Staat freiwillig einer feindlichen Macht dienen und so der Erfüllung seines Zwecks zuwiderhandeln würde; denn durch eine solche Duldung *würde die Obrigkeit die Niederlassung einer fremden Rechtsgewalt in ihrem eigenen Lande einräumen und leiden, daß die Angehörigen ihres eigenen Volkes gleichsam als Soldaten gegen ihre eigene Regierung in Stammrollen eingetragen werden*[193]. Letzteres kann als direkter Vorwurf gegen die Politik Jakobs II. aufgefaßt werden. Denn dieser hatte seit seiner Thronbesteigung 1685 immer mehr katholische Amtsträger ernannt und überzeugte Katholiken als Offiziere eingestellt: Locke unterstützt im *Brief über Toleranz* die radikalen protestantischen Dissenter, die Toleranz fordern, die aber die Politik Jakobs II. nicht akzeptieren, sondern vielmehr für dessen Absetzung kämpfen.[194] Darüber hinaus hatte Locke gewiß auch die fortschreitende Gegenreformation auf dem europäischen Kontinent im Blick, die vor allem durch Frankreichs absolutistischen Herrscher Ludwig XIV. vorangetrieben wurde. Dieser hatte gerade im Oktober 1685 durch die Aufhebung des Edikts von Nantes die französischen Protestanten aller bürgerlichen und religiösen Freiheiten beraubt. Da für Locke Katholizismus und Absolutismus nicht bloß zufällig zusammengehen, mußte er in diesen Vorgängen eine drohende Vorherrschaft der absoluten Monarchie sehen – der Staatsform, die ihm verhaßt war und die er in *Zwei Traktate über die Regierung* als unvereinbar mit Menschenrecht und bürgerlicher Gesellschaft nachgewiesen hatte.

Der heute ungeheuerlich anmutende Ausschluß der Atheisten und Katholiken von der Toleranz weist zweifellos auf rechtsphilosophische Mängel der Theorie hin, ergibt aber nach dem Dargestellten wenigstens einen Sinn, wenn man letztere sowohl im Zusammenhang von Lockes Staatslehre, als auch im unmittelbaren politischen Kontext ihrer Entstehung betrachtet. Den meisten Zeitgenossen gingen Lockes Toleranzforderungen viel zu weit. Auch die Toleranzakte, die im Jahr der Publikation von Lockes Schrift unter König Wilhelm verabschiedet wurde, fiel beträchtlich hinter Lockes extremer Forderung nach freier Religionsausübung für die Dissenter zurück. Und schon im Frühjahr 1690 wurde der *Brief über Toleranz* in Publikationen von den Oxfordern Jonas Proast und Thomas Long scharf attackiert. Für Proast etwa ist das Seelenheil der Menschen sehr wohl auch Sache der staatlichen Obrigkeit, der ein gewisser Zwang zur «wahren Religion» erlaubt sein müsse.

Abgesehen von den offenkundigen Differenzen zur Toleranzfrage ha-

108

ben Proast und Locke unterschiedliche Vorstellungen von der Möglichkeit der Erkenntnis der «wahren Religion». Im Gegensatz zu Proast ist Locke der Auffassung, daß weder Privatpersonen noch die staatliche Obrigkeit absolute Gewißheit darüber hätten, welche Religion die wahre sei. Entsprechend seiner skeptischen Haltung gegenüber dem Begriff der wahren Religion arbeitet Locke mit Bezug auf das Christentum eine Theorie aus, dergemäß nur eine minimale Anzahl von einfachen Glaubenssätzen als wesentlich anzusehen ist. Man brauche nur diese wesentlichen Grundsätze anzuerkennen, um als Christ gelten zu können. Locke trägt diese Gedanken in seinem letzten größeren philosophischen Werk vor, *Die Vernünftigkeit des Christentums*, das er 1695 anonym veröffentlichte. Diese Arbeit ist nicht nur wegen ihres Inhalts, sondern auch wegen der in ihr angewandten Methode der Bibelauslegung von Bedeutung. – Locke spricht hier von seinem Unbehagen angesichts der verschiedenen, oft widersprüchlichen *theologischen Systeme*. Dieses habe ihn dazu veranlaßt, sich zum Verstehen der christlichen Religion *ausschließlich der Lektüre der Heiligen Schrift zuzuwenden, auf die sich jene Systeme sämtlich berufen* [195]. Bei der Auslegung sei auf philologische Präzision zu achten und zu vermeiden, daß man den Texten eigene Vorstellungen und Spekulationen unterlege: *Wir müssen in den Gang der Darstellung eindringen, den äußeren und inneren Zusammenhang ihrer Teile beachten; wir müssen sehen, inwieweit sie in sich selbst und mit anderen Teilen der Schrift übereinstimmt, wenn wir ihr gerecht werden wollen. Wir dürfen nicht, je nachdem es in unser System paßt, da und dort Absätze oder Verse herausgreifen, als wären es lauter einzelne, selbständige Aphorismen, und sie zu grundlegenden, heilsnotwendigen Artikeln des christlichen Glaubens machen, wenn nicht Gott selbst das getan hat.* [196] Auch die Puritaner hatten sich ja strenge Bibellektüre verordnet; aber Locke setzt an die Stelle des Fanatismus der Puritaner sorgfältige und sachliche Textanalyse.

Nach Locke ist laut Heiliger Schrift neben dem Glauben an Gott nur der Glaube wesentlich, daß Jesus der Messias und d. h. Gottes Sohn ist. Der Glaube an die Messianität Jesu umfasse den Glauben an dessen Wunder, Selbstzeugnisse und Auferstehung von den Toten. Dagegen hält Locke zum Beispiel die Lehre von der Trinität nicht für einen dem Christentum wesentlichen Glaubensartikel. Diese Position Lockes war politisch relevant, da Wilhelms Toleranzakte von 1689 Anti-Trinitarier von der Duldung ausschloß. – Der Glaube an die Messianität Jesu sei, sagt Locke Kritik antizipierend, nicht ein rein «historischer», sondern ein seligmachender Glaube. Locke wendet sich gegen das Dogma von der Erbsünde und meint, daß wir nach Heiliger Schrift allein auf Grund der uns je selbst zurechenbaren Taten Sünder seien; als Sünder bedürften wir aber der Erlösung. Hinsichtlich des Glaubens sei zur Erlösung nur der Lehrsatz erforderlich, *daß Jesus von Nazareth der Christus oder Messias ist* [197]. Was darüber hinaus zur Erlösung verlangt werde, betreffe nicht den Glauben, sondern die Praxis. Die verlangte Praxis bestimmt Locke als Buße; und Buße bedeutet letztlich nichts anderes als das ernsthafte Bemühen um ein tugendhaftes Leben. Denn: *Die Buße ist ein herzliches Betrübnis über frühere Vergehungen und ein aufrichtiger Entschluß und Versuch, mit allen Kräften das gesamte Handeln mit dem Gesetz Gottes in Einklang zu bringen. Sie besteht demnach nicht in einem einmaligen Akt der Betrübnis, obgleich ein solcher Akt als erster und einleitender dem ganzen Prozeß den Namen verleiht, sondern in einem Tun von rechtschaffenen Werken der Buße, in einem aufrichtigen Gehorsam gegen das Gesetz Christi während der ganzen übrigen Lebenszeit.*[198] Locke kommt es demzufolge auf eine Hervorhebung des ethischen Aspekts im Christentum an. Das im letzten Zitat erwähnte göttliche Gesetz, das die Regeln für den tugendhaften Lebenswandel enthält, ist uns aus Lockes Ethik als *Naturgesetz* vertraut. Auch in *Die Vernünftigkeit des Christentums* nennt Locke diesen Inbegriff absolut verbindlicher praktischer Normen *das durch die Vernunft erkennbare Naturgesetz* oder einfach das *Gesetz der Vernunft.*[199] Ebenfalls aus der Diskussion der Ethik ist uns Lockes Auffassung bekannt, daß trotz der prinzipiellen Erkennbarkeit des Naturgesetzes durch Vernunft noch niemand ein entsprechendes System der Moral aus bloßer Vernunft erarbeitet habe; Locke machte gleichzeitig darauf aufmerksam, daß das Naturgesetz von Gott gegeben und daher auch durch Offenbarung zugänglich sei. In *Die Vernünftigkeit des Christentums* kommt Locke auf die Offenbarung als Weg zum Naturgesetz zurück: In den Predigten Jesu und seiner Jünger könne man ein vollständiges System der Moral finden. Locke bezieht sich insbesondere auf die Bergpredigt: Hier zählt Jesus konkrete ethische Vorschriften auf *und schließt alle einzelnen Mahnungen mit der folgenden allgemeingültigen Goldenen Regel «Alles, was ihr wollt, daß euch die Leute tun sollen, das tut ihnen auch; denn dies ist das Gesetz und die Propheten» (Matth. 7,12)*[200]. Locke betont, eine Prüfung der durch überlieferte Offenbarung uns zugänglichen Regeln ergebe, *daß sie mit der Vernunft übereinstimmen*[201]. *Die Vernünftigkeit des Christentums* enthält zwar keine grundsätzliche Erörterung zu Offenbarung und Vernunft als unterschiedlicher Weisen der Wahrheitsfindung. Eine solche erkenntniskritische Untersuchung hatte Locke aber schon im *Essay über den menschlichen Verstand* angestellt; die Religionsphilosophie führt uns daher zurück zur allgemeinen Erkenntnistheorie. Auf diese Weise schließt sich der Kreis von Lockes philosophischem Denken.

Vernunft bestimmt Locke als das Vermögen, die *Gewißheit oder Wahrscheinlichkeit* von Urteilen durch Deduktion aus gegebenen Ideen zu ermitteln. Die Zustimmung zu Urteilen, die sich aus Offenbarung herleiten, ist religiöser Glaube: *Glaube (Faith)... ist die Zustimmung zu irgendeinem Urteil, das nicht... durch die Deduktionen der Vernunft ermittelt ist, sondern im Vertrauen auf die Glaubwürdigkeit dessen, der es aufstellt, als auf außerordentliche Weise von Gott kommend akzeptiert wird. Diese Art, den Menschen Wahrheiten zu entdecken, nennen wir «Offenbarung».*[202] Locke bezieht sich vornehmlich auf die durch die Heilige Schrift überlieferte Offenbarung, handelt aber auch von der ursprünglichen Offenbarung, durch die Gott dem Menschen direkt Wahrheiten mitteile. – Nach Locke gilt nun, erstens, daß es Wahrheiten gibt, die sowohl durch Vernunft erkannt als auch durch Offenbarung enthüllt und überliefert werden können. Zu diesen Wahrheiten gehören zum Beispiel das Naturgesetz und die Existenz Gottes. Locke unterstreicht, daß die Gewißheit, die wir von solchen Wahrheiten auf Grund des Vernunftgebrauchs erlangten, größer sei als die, die uns die Offenbarung gebe: *Denn unsere Erkenntnis, daß diese Offenbarung ursprünglich von Gott gekommen sei, kann niemals so sicher sein wie die Erkenntnis, die wir durch klare und deutliche Perzeption der Übereinstimmung oder Nicht-Übereinstimmung unserer eigenen Ideen haben.*[203] Damit ist auch gesagt, daß das durch Vernunft Erkannte durch Offenbarung zwar bestätigt werden, nicht aber noch an Gewißheit gewinnen kann. – Aus dem höheren Gewißheitsgrad der Vernunfterkenntnis ergibt sich für Locke, zweitens, daß ein Urteil, welches der Vernunft widerspricht, nicht unter Berufung auf Offenbarung als wahr angenommen werden darf. Widervernünftige Urteile sind Aussagen wie die, *daß ein und derselbe Körper sich zu gleicher Zeit an zwei räumlich getrennten Orten befinde.* Das Akzeptieren widervernünftiger Sätze hieße, daß man *alle Prinzipien und Grundlagen der Erkenntnis, die er selbst* (Gott) *uns verliehen hat, umstoßen müßte.*[204] Widervernünftiges kann folglich gar nicht göttlicher Offenbarung entstammen. – Locke spricht, drittens, von Urteilen, die weder vernunftgemäß noch widervernünftig, sondern übervernünftig sind. Ein Satz, der die Vernunft übersteigt, ist zum Beispiel der, *daß die Toten auferstehen und wieder leben werden.* Solche Sätze *stellen, wenn sie geoffenbart werden, den eigentlichen Gegenstand des Glaubens dar.*[205] Auch dort, wo die Vernunft nicht Gewißheit erreiche, sondern nur zu *wahrscheinlichen Vermutungen*[206] komme, müsse im Fall göttlicher Offenbarung dieser der Vorzug gegenüber den Vermutungen der Vernunft gegeben werden. Demnach grenzt Locke einen Wahrheitsbereich aus, der allein Angelegenheit von Offenbarung und religiösem Glauben ist. Die Auferstehung der Toten und ähnliche Dinge sind, da zwar nicht widervernünftig, aber jenseits möglicher Vernunfterkenntnis, *reine Glaubenssachen, mit denen die Vernunft direkt nichts zu tun hat*[207]. Locke sagt allerdings, daß der Vernunft in indirekter Weise auch bezüglich dieser reinen Glaubenssachen eine zentrale Funktion zukomme – die nämlich, *darüber zu urteilen, ob jene Bekundung wahrhaft eine Offenbarung sei, und zu entscheiden, was die Worte, in die sie gekleidet ist, bedeuten*[208]: Obwohl Locke den Offenbarungsglauben nicht aufheben und durch die Vernunft ganz ersetzen will, hat für ihn die Vernunft vermittelter Weise auch in reinen Glaubenssachen den Vorrang. Für Locke gilt: *Die Vernunft muß unser oberster Richter und Führer in allen Dingen sein.*[209]

111

Durch die Ausrichtung an der Vernunft unterscheidet sich gemäß Locke religiöser Glaube von Schwärmerei. In der 4. Auflage des *Essay* aus dem Jahre 1700 erscheint ein Kapitel, in dem sich Locke entschieden gegen die auf Schwärmerei sich gründenden Wahrheits- und Autoritätsansprüche wendet. Die Schwärmerei schiebe die Vernunft beiseite, um angeblich reiner Offenbarung Platz zu machen. *Dadurch schaltet sie aber in Wirklichkeit mit der Vernunft zugleich auch die Offenbarung aus und ersetzt sie durch unbegründete Einbildungen.*[210] Locke beklagt, daß solche *Eingebungen eines erhitzten und eingebildeten Gehirns*[211] auch entsprechende Auswirkungen auf das Handeln des Menschen haben. Schwärmer geben vor, als von Gott Erleuchtete direkt von ihm Mitteilungen und Befehle zu erhalten, und sie meinen, auf diese Weise gegen jede Vernunft Meinungen und Handlungen rechtfertigen zu können, die in Wahrheit in willkürlichen Annahmen und Phantasien gründen. Nun gesteht Locke zu, daß unmittelbare göttliche Offenbarung durchaus möglich ist; denn auch die durch die Heilige Schrift überlieferte Offenbarung geht ja auf ursprüngliche, d. i. unmittelbare Offenbarung zurück. Aber nach Locke ist auch unmittelbare Offenbarung als eine solche von der Vernunft auszuweisen und darf nicht widervernünftig sein. Gerade gegen diese Forderung richtet sich der Schwärmer. Dem Schwärmer, so Locke, bleibt daher zuletzt kein anderes Argument für die göttliche Herkunft und Wahrheit seiner Überzeugungen als dies, daß er eben davon ganz fest überzeugt sei. Dies ist aber eine zirkuläre Beweisführung und kann folglich weder die Wahrheit seiner Überzeugungen noch deren Herkunft von Gott erweisen. Locke gibt außer der Heiligen Schrift nur die Vernunft als Maßstab für die Beurteilung darüber an, ob eine Meinung oder Handlung göttliche Autorität besitze oder nicht.

Mit seiner Forderung nach Vernunftgebrauch in Religionsdingen unterstützt Locke eine Bewegung, die in England besonders seit der Restauration der Monarchie im Jahre 1660 durch die Cambridger Platoniker und den latitudinarischen Flügel der anglikanischen Staatskirche an Bedeutung gewann. In Holland waren Remonstranten wie Lockes Freund Limborch Vertreter des Primats der Vernunft in der Religion. Die liberalen Latitudinarier konnten nach der glorreichen Revolution in England ihren Einfluß noch ausbauen und stellten mit John Tillotson den Erzbischof von Canterbury. Während die latitudinarischen Theologen jedoch die Vernunft mehr beschwören als analysieren, geht Locke daran, das menschliche Vernunftvermögen selbst zu untersuchen und die Funktion der Vernunft in Religionsdingen genauer zu bestimmen. Trotz seiner eindringlichen Forderung nach Vernunftgebrauch in Angelegenheiten der Religion ist Locke nicht der gegen Ende des 17. Jahrhunderts aufkommenden und bis in die Mitte des 18. Jahrhunderts bedeutenden Bewegung des Deismus zuzurechnen. Die Deisten erkennen zwar die Existenz Gottes an, leugnen aber die Offenbarung und treten für eine reine Vernunftreligion

ein. Wie wir sahen, hält Locke dagegen an einem – allerdings vernunftgeleiteten – Offenbarungsglauben fest.

Die Betonung des Vorrangs der prüfenden Vernunft in allen Bereichen
gibt dem weitverzweigten Denken Lockes seine Einheit: Auf Grundlage
der erkenntniskritischen Untersuchung der Fähigkeiten des menschlichen Geistes plädiert Locke in Wissenschaft, Moral, Erziehung, Politik
und Religion für die durch die prüfende Vernunft geleitete und begründete Theorie und Praxis, gegen metaphysische Spekulationen und
Sprachverwirrungen, gegen Willkür, unkontrollierte Autorität und Fanatismus.

Im England nach der glorreichen Revolution. Ruhm und Wirkung

Nur auf die wichtigsten philosophischen Themen, zu denen Locke Beiträge geliefert hat, konnte hier in Form von systematisch orientierten Kapiteln eingegangen werden. Dies darf nicht die zahlreichen anderen Gebiete vergessen lassen (z. B. Medizin, Ökonomie, Politik), auf denen er sich kontinuierlich betätigte. Die Zeit nach der Rückkehr aus Holland war zwar für Lockes geistige Entwicklung nicht so bedeutend wie die bis zur ersten Publikation seiner Hauptwerke: Als er sich 1691 endgültig in Oates bei der neuen Familie seiner alten Freundin Damaris niederließ, war er bereits 58 Jahre alt. Doch der Rückzug ins ländliche Essex war keineswegs ein Rückzug aus Gelehrtenwelt und Politik: Locke blieb intellektuell und politisch aktiv, sein Leben war ebenso geschäftig und abwechslungsreich wie zuvor. Bei den Mashams in Oates arbeitete er weiterhin Schriften aus bzw. stellte im Entwurf vorhandene fertig – wie die schon besprochenen *Einige Gedanken zur Erziehung* und *Die Vernünftigkeit des Christentums*. Locke korrespondierte mit Freunden und Bekannten nicht nur in England, sondern auch mit denen in Holland, Frankreich und Irland über politische, philosophische, theologische und naturwissenschaftliche Themen. Er rezipierte unermüdlich die wichtigsten Publikationen in diesen Bereichen. – 1689 hatte Locke Isaac Newton kennengelernt, den er im *Essay* als eine führende Persönlichkeit der neuen Naturwissenschaft preist. Die gemeinsamen Interessen Lockes und Newtons betrafen nicht nur Naturforschung und Philosophie, sondern auch Politik und Theologie. Nach dem Tod Robert Boyles, seines Freundes aus der Oxforder Zeit, edierte Locke 1692 ein von dem Chemiker als Fragment hinterlassenes Werk über die Luft.

Locke beschäftigte sich auch mit der Vorbereitung von Neuauflagen eigener bereits publizierter Bücher. Er war spätestens ab 1692 ein wohlbekannter Autor in England – hauptsächlich auf Grund des *Essay*, der in der Gelehrtenwelt erhebliches Aufsehen erregt hatte. Lockes intellektueller und persönlicher Anstand und Perfektionismus geboten ihm, sein Buch für spätere Auflagen immer wieder durch Zusätze (z. T. ganz neue Kapitel) und Präzisierungen zu verbessern zu suchen. Fehler, die er selbst als solche einsah, gestand Locke ohne weiteres zu und nahm entsprechende Änderungen vor. Bei der Arbeit an den Neuauflagen griff er kritische

Hinweise von Freunden auf. Von besonderer Wichtigkeit war hier der Ire William Molyneux: Molyneux hatte Lockes *Essay* 1692 in seinem Werk zur Optik lobend erwähnt, woraufhin sich auf rein brieflicher Basis eine Freundschaft von bemerkenswerter Herzlichkeit zwischen den beiden Gelehrten herausbildete. Sie trafen sich nur einmal kurz vor Molyneux' Tod im Jahre 1698. Molyneux ist es unter anderem zu verdanken, daß Locke für die zweite Auflage des *Essay* das Kapitel zur Theorie der personalen Identität abfaßte. Die zweite Auflage erschien 1694 und verkaufte sich so gut, daß schon 1695 eine dritte Auflage herauskam, die aber keine Änderungen inhaltlicher Art bringt. Wichtige Hinzufügungen enthält wieder die vierte Auflage von 1700 mit den Kapiteln zur religiösen *Schwärmerei* und zur *Assoziation der Ideen*. Bis zu seinem Tod arbeitete Locke an der fünften Auflage, die mit nur wenigen inhaltlichen Hinzufügungen postum im Jahre 1706 auf den Markt kam. – Seit Beginn der neunziger Jahre mußte sich Locke mit öffentlicher Kritik an seinen Werken auseinandersetzen, und er wurde nach und nach in Kontroversen über seine Veröffentlichungen verwickelt. Schon aus Zeitgründen konnte Locke nicht auf alle Kritiker in Form von Publikationen antworten: Manchmal blieb es bei Textentwürfen, die erst nach seinem Tod publiziert wurden, oft bei brieflichen Äußerungen an Freunde und Gegner, bisweilen bei Randnotizen in seinen Exemplaren der gegen ihn gerichteten Pamphlete.

Obwohl Locke nun in Oates seßhaft geworden war, fuhr er immer häufiger nach London und verbrachte gelegentlich mehrere Monate dort. Zunächst hatte er hauptsächlich wegen seiner Arbeit in der Berufungskommission für Steuerfragen in London zu tun. Außerdem beaufsichtigte er dort die Drucklegung einiger seiner Schriften und gründete neue Diskussionsgruppen. Vor allem engagierte er sich schon bald wieder in der Politik. Das Übernehmen politischer Verantwortung durch Mitwirkung an Entscheidungen, die das Gemeinwesen betreffen, war für Locke auch jetzt genauso wichtig wie das Suchen nach Wahrheit in Philosophie und Wissenschaft. Locke machte seinen Einfluß durch Ratschläge und Mahnungen an Freunde im Parlament geltend. Zu diesen Kontakten zählten nicht nur Lockes alte Whig-Freunde Edward Clarke und John Freke, sondern seit 1689 auch John Somers. Somers kam spezielle Bedeutung zu: Er gehörte der neuen Regierung unter Wilhelm und Maria an und stieg mit der Zeit immer höher auf, 1697 sogar zum Lordkanzler. Locke wurde wie vorher für Shaftesbury jetzt für Somers ein inoffizieller politischer Berater. – Unmittelbar nach der Thronbesteigung von Wilhelm und Maria stand Somers dem Komitee vor, das die «Bill of Rights» entwarf, die noch 1689 erlassen wurde. Die Verabschiedung dieses Verfassungsgesetzes war ein erster wesentlicher Schritt zur gesetzlichen Sicherung der Revolution von 1688; denn in der «Bill» wurde eine verstärkte Position des Parlaments als Kontrollinstanz der königlichen Herrschaft statuiert. Durch dieses Einsetzen des Parlamentarisierungsprozesses stellt die glorreiche

Straße im 17. Jahrhundert. Frontispiz von Wenzel Hollar
zu «Britannia» von John Ogilby, 1698

Revolution einen historisch hochbedeutenden Einschnitt nicht nur für
England dar. Die in der «Bill of Rights» zum Ausdruck gebrachte neue
Autorität des Parlaments entspricht zwar Lockes politischer Philosophie;
aber es ist unwahrscheinlich, daß Locke schon hier direkten Einfluß auf
Somers ausgeübt hatte. – Nachdem die Whigs 1690 in die Opposition

geraten waren, erlangten sie 1694 – im Jahr von Königin Marias Tod – wieder die politische Macht. In diese Zeit fällt die Gründung des «College» – eines politischen Klubs bestehend aus Locke, Clarke, Freke und vermutlich Somers. Durch das College nahm Lockes Einfluß auf die aktuelle Politik noch zu: Freke und Clarke informierten Locke über die neuesten Entwicklungen, dieser arbeitete wohlbegründete Stellungnahmen aus, und Clarke wiederum benutzte die Argumente des Philosophen in seinen Parlamentsreden. Über die lebhafte Aktivität des College bis mindestens 1697 legt Lockes Briefwechsel umfangreiches Zeugnis ab. Die Fragen, die das College als Vernunftgründen verpflichteter politischer Klub erörterte, betrafen finanzpolitische und wirtschaftliche Themen – Themen also, die Locke seit seinem Wechsel zu Shaftesbury interessiert hatten. Aber man beschäftigte sich auch mit anderen Problemen: zum Beispiel mit der Freisetzung der englischen Presse. Clarke und Freke waren Mitglieder in dem Ausschuß, der 1695 darüber zu entscheiden hatte, ob das Zensurgesetz verlängert werden sollte. Locke nahm großen Anteil an der Diskussion und ließ dem College seine Ausführungen gegen eine Erneuerung des Gesetzes zukommen.[212] Die Folge war, daß das Unterhaus ein Memorandum erließ, das dem Sinn nach die Gedanken Lockes enthält; tatsächlich wurde das Zensurgesetz aufgehoben. Der Grund für den Erfolg von Lockes Argumentation dürfte indes weder in der Kritik an staatlicher Willkür noch in den Hinweisen auf die zu wahrende Freiheit von Druckern, Verlegern und Eigentümern von Büchern, sondern in den mannigfachen ökonomischen Bedenken gegen eine Erneuerung des Zensurgesetzes zu suchen sein. Locke zeigt zum Beispiel auf, daß das Monopol der Company of Stationers (Innung königlich zugelassener Drucker und Verleger) unwirtschaftlich sei und – wie alle Monopole – dem öffentlichen Interesse zuwiderlaufe. Zwar gab es nach der Aufhebung der Zensurakte noch die Möglichkeit einer Nachzensur, aber man hatte durchaus einen wichtigen Fortschritt auf dem Weg zur Pressefreiheit erreicht. Indem Locke der Freisetzung der Presse zum Durchbruch verhalf, trug er direkt dazu bei, daß ein freiheitlicheres Klima entstand und die Revolution wirklich eine fundamentale Änderung des politischen und gesellschaftlichen Lebens in Gang setzte.

Schon vor der Gründung des College hatte Somers Locke dazu ermuntert, öffentlich zu finanzpolitischen und ökonomischen Problemen Stellung zu nehmen. Locke entsprach Somers' Wünschen und publizierte 1692 *Einige Betrachtungen über die Folgen der Zinssenkung und der Anhebung des Münzwertes*, 1695 *Weitere Betrachtungen über die Anhebung des Münzwertes*. So wurde Locke auch auf diesem Gebiet in die aktuellen Kontroversen hineingezogen. Der erste Teil von *Einige Betrachtungen* geht auf ein Manuskript zurück, das Locke schon 1668 kurz nach dem Wechsel zu Shaftesbury niedergeschrieben hatte. Locke kritisiert hier zeitgenössische Vorschläge, den Zinssatz durch gesetzliche Festlegungen auf 4 Prozent zu reduzieren. Lockes Abhandlung hebt sich vor allem dadurch von den anderen, meist von Kaufleuten und Politikern hierzu verfaßten Pamphleten seiner Zeit ab, daß die in ihr vorgetragenen Auffassungen theoretisch fundiert sind und ein Bemühen um Objektivität und Wissenschaftlichkeit bekunden. Locke wendet sich prinzipiell gegen jegliche gesetzliche Regulierung des Zinssatzes. Man solle den Zins, d. i. den Preis für das Leihen von Geld, vielmehr durch den Markt bestimmen lassen; denn Geld ist *beim Kaufen und Verkaufen in der gleichen Lage wie andere Waren und unterliegt den gleichen Wertgesetzen*[213]. Das Spiel der Marktkräfte, meint Locke, würde sich trotz der gesetzlichen Festlegung durchsetzen. Locke bettet seine speziellen Überlegungen zum Zinssatz in eine allgemeine Werttheorie ein: Geld habe zwar wie andere Waren seinen Marktpreis, unterscheide sich aber dadurch von ihnen, daß wir durch es die relativen Werte aller anderen Waren ausdrückten. Der Wert der Waren werde durch das Verhältnis von vorhandener Menge zum Absatz bestimmt. Nun bleibe aber die Nachfrage nach Geld weitgehend konstant; denn: *Ein jeder ist bereit, Geld in unbegrenzter Menge anzunehmen und bei sich zu behalten, weil man alle Dinge dafür bekommen kann.* Locke argumentiert weiter: *Deshalb genügt allein die Menge, den Wert zu regulieren und zu bestimmen, ohne irgendein Verhältnis zwischen seiner Menge und seinem Absatz wie bei den anderen Waren in Betracht zu ziehen.*[214] Man sieht Locke heute als einen der ersten an, denen eine präzise Erklärung der Quantitätstheorie des Geldwertes gelungen ist. – Ein Gesetz zur Reduzierung des Zinssatzes hätte nach Locke sowohl für den einzelnen Bürger als auch für die Wirtschaft des Landes insgesamt nur negative Folgen. Einzig Bankiers und erfahrene Broker würden profitieren; denn sie könnten ihre Fertigkeiten dazu benutzen, das Gesetz zu umgehen, während andere Bürger benachteiligt wären. Gesamtwirtschaftlich hätte das Gesetz gerade dann negative Auswirkungen, wenn es allgemein befolgt würde; es führte nämlich zu der Tendenz, mehr Geld zu horten und weniger auszuleihen. Eine solche Verringerung der im Umlauf befindlichen Geldmenge hätte zur Folge, daß weniger Geld für den Handel zur Verfügung stände und folglich das gesamte Handelsvolumen reduziert würde; dies wiederum bewirkte eine Beeinträchtigung des nationalen Wohlstandes. Locke hat erstmalig die Bedeutung der Umlaufgeschwindigkeit des Geldes aufgezeigt und analysiert: Wenn Handel und nationaler Reichtum nicht geschädigt werden sollen, ist es *erforderlich, daß so viel Geld vorhanden ist als zur Aufrechterhaltung des Kredits von Bauern, Arbeitern und Kaufleuten benötigt wird, und deshalb muß das bare Geld ständig gegen Waren und Arbeit ausgetauscht werden oder in kurzen Abständen* (auf die Übergabe der Waren bzw. Verrichtung der Arbeit) *folgen*[215]. – Locke verteidigt die Interessen der Fleißigen und Arbeitsamen, die zur Förderung des Handels beitragen; er polemisiert gegen «müßige» Bankiers und solche Vermögenden, die Geldmengen bloß anhäufen und allein an ihrem eigenen Gewinn interessiert sind. In seiner Forderung nach Erzielung nationalen Reichtums und einer aktiven Handelsbilanz teilt Locke zwar die Einstellung der Merkantilisten; aber durch die theoretische Grundlegung seiner Thesen und die Objektivität anstrebenden präzisen Analysen der wirtschaftlichen Zusammenhänge geht Locke über den Merkantilismus hinaus; er wird daher zu den Begründern der wissenschaftlichen Ökonomie überhaupt gerechnet. Politisch konnte sich Lockes Argumentation in diesem Fall jedoch nicht durchsetzen: 1692 entschied sich das Parlament für eine Festlegung des Zinssatzes auf 5 Prozent.

Unmittelbaren Erfolg hatte Locke mit seinen Gedanken zur *Anhebung des Münzwertes*, die er in den *Weiteren Betrachtungen* und im zweiten Teil von *Einige Betrachtungen* vorträgt. Anders als in bezug auf den Zinssatz plädiert Locke hier mit Nachdruck für staatliches Handeln, indem er für die Neuprägung der englischen Münze eintritt. Obwohl die liberalistischen Züge in Lockes ökonomischem Denken offenkundig sind, kann Locke nicht als Verfechter einer Wirtschaftspolitik des «laissez faire» bezeichnet werden. – Das Problem, das Locke behandelte, war dies, daß die alten gehämmerten Silbermünzen leicht beschnitten werden konnten und durch die zunehmende Praxis des ungesetzlichen Beschneidens teilweise nicht einmal mehr die Hälfte ihres nominalen Wertes besaßen. Die nicht so leicht beschneidbaren geprägten Münzen, die es auch schon gab, gingen meist ins Ausland oder wurden gehortet. Die Lage spitzte sich derart zu, daß es fast zu einer Lähmung des englischen Handels kam. Locke kritisierte auf diesem Hintergrund die Vorschläge eines anderen Finanzexperten, William Lowndes, den man von Regierungsseite ebenfalls um Rat gefragt hatte: Lowndes schlug vor, das beschnittene Geld einzuziehen und neues Geld auszugeben, das im Silbergehalt reduziert sein sollte, also höheren Nominal- als Realwert hätte. Locke weist diesen Gedanken grundsätzlich zurück. Er spricht sich für eine Neuprägung unter Beibehaltung des Feingehaltes der Münzen aus, d. h. für eine Angleichung des Nominalwertes an den Realwert. Im Handel, vor allem im Außenhandel, gehe es immer um den realen Gegenwert. Folgte man Lowndes' Vorschlag, hätte der Nennwert aber keine reale Grundlage mehr; man würde nichts anderes tun als das, was durch das Beschneiden schon praktiziert werde – nur daß es dann auch noch mit staatlicher Billigung geschähe. Eine Anhebung des Münzwertes nach Lowndes' Vorstellungen würde der Allgemeinheit nur schaden, alle verwirren *und dem Königreich die unnützen Kosten einer allgemeinen Neuprägung sowohl des geprägten als auch des beschnittenen Geldes aufbürden*[216]. Die Regierung folgte Lockes Rat: 1696 wurde mit Hilfe eines Darlehens von über einer Million Pfund von der erst 1694 gegründeten Bank von England die Neuprägung gemäß Lockes Prinzipien in Angriff genommen. Historiker scheinen weitgehend darin übereinzustimmen, daß Lockes Vorschlag für die damalige Zeit

119

wirklich der bessere war; und man spricht Locke einen großen Anteil an der Neuordnung von Englands Geldverhältnissen zu.

Locke genoß dank seines von Sachverstand geleiteten Engagements und seiner scharfsinnigen und überzeugenden Argumentationsweise bei Politikern allgemein ein hohes Ansehen. 1696 wurde ihm denn auch ein gut bezahlter Posten als Mitglied im neugegründeten nationalen Handelsrat (Board of Trade) angeboten. Locke zögerte zunächst, denn es ging ihm gesundheitlich schlechter, und er wußte, daß diese Stelle mit viel Arbeit und Zeitaufwand verbunden sein würde; an Edward Clarke schrieb er: *Ich verliere lieber zwei Posten als ein Leben.*[217] Dennoch nahm Locke schließlich an. Der Rat sollte durch Anregungen und Empfehlungen, die auf genaue Untersuchungen und Expertenwissen zu gründen seien, zur Förderung von Englands Binnen- und Außenhandel beitragen. Locke dominierte von Beginn an die Sitzungen der neuen Institution, war stets wohlvorbereitet und arbeitete hart. Zu den Hauptaufgaben, mit denen sich der Handelsrat während Lockes Mitgliedschaft auseinandersetzte, gehörten der Zustand der amerikanischen Kolonien, die irische Wollindustrie und das Armenproblem in England. Die Kolonie Virginia zum Beispiel befand sich trotz ihrer natürlichen Reichtümer durch Mißwirtschaft und schlechte Verwaltung in einem erbärmlichen Zustand. Der Rat schlug vor, einen neuen Gouverneur einzustellen. Locke setzte gegen heftige Opposition im Rat seinen Kandidaten, Francis Nicholson, durch. Die Anweisungen, die Nicholson erhielt, gingen zum großen Teil auf Lockes Reformvorschläge zurück. Das «Problem» der irischen Wollindustrie bestand darin, daß sie eine Konkurrenz für England war. Man beschloß, den Wollexport aus Irland durch Steuerauflagen einzuschränken, Irlands Bedürfnissen dafür durch die Förderung seiner Leinenindustrie zu genügen. Es war zwar nicht Lockes Plan, der letzten Endes angenommen wurde, aber er enthielt im Prinzip die Gedanken Lockes. Auch in bezug auf Englands Armenproblem plädierte Locke für staatliches Eingreifen. Er erstellte einen Entwurf zur Reform des Armengesetzes, den der Handelsrat jedoch ablehnte.[218] Lockes Biograph Maurice Cranston nennt den Entwurf mit Recht ein «erschreckendes Dokument»[219]; denn Locke zeigt hier wenig Verständnis für die Situation der Armen selbst. Es geht ihm vielmehr darum, zur Besserung des nationalen Wohlstands die brachliegende Arbeitskraft der arbeitslosen Armen zu nutzen und so Bettelwesen und die Kosten für die Armenunterstützung einzuschränken. Locke schlägt daher außer drakonischen Disziplinarmaßnahmen für Bettler die Einrichtung von Arbeitsschulen vor, in die Armenkinder und arbeitslose Erwachsene geschickt werden sollten. – Aus dem Gesetzentwurf auf eine allgemeine Mißachtung und Geringschätzung der Armen durch Locke zu schließen, wäre falsch: Locke polemisiert rücksichtlich beider Enden der sozialen Skala gegen *Müßiggänger*, die durch ihr Verhalten der Allgemeinheit schaden – gegen Bankiers und gewiefte Broker auf der einen,

Haus der Mashams in Oates, Essex. Zu Lockes Zeit gab es nur den linken, giebeligen Teil des Hauses. «The Monthly Magazine», August 1821

gegen Bettler auf der anderen Seite. Er unterstützt die, die durch Arbeit und Handel zum öffentlichen Wohl beitragen.[220] Zeitgenossen Lockes berichten überdies, daß Locke gern «mit Leuten aller Art» Kontakt unterhielt – ein Verhalten, das für einen Gelehrten damals äußerst ungewöhnlich war und dementsprechend Erstaunen hervorrief. Damaris Masham schrieb über Locke nach dessen Tod: «Er fühlte von Natur aus mit denen, die Not leiden, und er war ihnen überaus wohltätig gesonnen. Aber seine Mildtätigkeit war immer darauf gerichtet, die arbeitenden, eifrigen, fleißigen Menschen zu unterstützen.»[221]

Die Stelle im Handelsrat bedeutete, daß sich Locke öfter in London aufhalten mußte. In Oates, im Kreis der Familie Masham, fand Locke außer Zeit zum Schreiben vor allem auch Ruhe und Erholung, zum Beispiel indem er seinem Hobby, der Gartenarbeit, nachging. Mit Damaris Masham verbrachte Locke gemeinsame Lesestunden und diskutierte theologisch-philosophische Themen. Er widmete sich auch den Kindern des Haushalts: Seine Lieblinge waren Esther Masham, die Sir Francis aus seiner ersten Ehe mitgebracht hatte, und Francis (oder Frank), das einzige gemeinsame Kind von Damaris und Sir Francis. Nicht nur Lockes erzieherische Erfahrung und Kenntnisse kamen der Familie zugute; man profitierte darüber hinaus von seinem medizinischen Wissen. Edward Clarkes

Frau Mary zum Beispiel vertraute Locke so sehr, daß sie sich strikt weigerte, einen anderen Arzt um Rat zu fragen (obgleich sie ja in Somerset lebte). Locke mußte sich allerdings in verstärktem Maß über seine eigene Gesundheit Gedanken machen: Durch die vielen Aufenthalte in Londons rußiger Luft hatte sich sein Asthmaleiden so sehr verschlimmert, daß er bisweilen trotz wichtiger Sitzungen des Handelsrats gezwungen war, in Oates zu bleiben. Bereits Anfang 1697 wandte sich Locke mit der Bitte an Somers, aus Gesundheitsgründen seine Tätigkeit im Handelsrat niederlegen zu dürfen. Doch Somers wollte Lockes Arbeit nicht missen und ließ einen Rücktritt zu diesem Zeitpunkt nicht zu. Locke wurde 1698 sogar noch ein diplomatischer Posten in Paris angeboten, den er jedoch ablehnte. Der lange, harte Winter des Jahres 1698 war für Locke selbst in Oates unerträglich. Im März schreibt er von dort an Edward Clarke, er habe noch nicht genug Atem zum Gehen, sondern sei lediglich dazu in der Lage, sich *zu einem Sitz zu schleppen, den wir im Terrassengang haben, wo ich entspannt und träge die Sonne genieße und die frische Luft atmen kann*[222]. Aus Lockes Sicht verschlechterte sich auch die politische Situation: Nach Somers' Verlust der Lordkanzlerschaft im April 1700 gewannen die Tories wieder die Oberhand. Im Handelsrat wurden Lockes Gegner mächtiger. Locke, nun 68 Jahre alt und kränkelnd, konnte und wollte nicht allein weiterkämpfen, trat zum Juni 1700 endgültig von seinem Posten im Handelsrat zurück und legte wahrscheinlich zur gleichen Zeit auch seine Arbeit für die Berufungskommission nieder. Erst jetzt kann von einem wirklichen Rückzug Lockes aus dem öffentlichen Leben gesprochen werden. Er reiste nun kaum noch nach London: zum letztenmal im Mai 1702, nachdem Königin Anna als Nachfolgerin Wilhelms den Thron bestiegen hatte.

Locke verlor jedoch nicht sein Interesse am politischen Geschehen, und er gab seinen Freunden im Parlament weiterhin Ratschläge. Unter diesen Freunden befand sich neuerdings Lockes junger Vetter Peter King. King war ein Enkel Peter Lockes, des Onkels von John Locke, und seit 1700 Abgeordneter im Parlament. Er sollte eine erfolgreiche politische Karriere machen und es bis zum Lordkanzler bringen (1725–33). Seit Mitte der neunziger Jahre hatte sich zwischen dem jungen Politiker und dem alternden Philosophen eine wechselseitige Zuneigung entwickelt. Locke sah King als seinen nächsten Verwandten an, behandelte ihn wie einen eigenen Sohn und machte ihn schließlich zu einem Haupterben und Testamentsvollstrecker. Während Locke King zum Beispiel mit Hinweisen zum Verhalten im Parlament beriet, hielt dieser den Philosophen über die politischen Vorgänge auf dem laufenden, besorgte ihm Zeitungen und besuchte ihn in Oates. – Überhaupt erhielt Locke jetzt, da er selbst kaum noch reiste, vermehrt von alten und neuen Freunden Besuch: zum Beispiel von Edward Clarke, James Tyrrell und dem 3. Grafen von Shaftesbury, für dessen frühe Erziehung Locke unter dem 1. Grafen mitverantwortlich ge-

John Locke. Gemälde von Sir Godfrey Kneller, 1698

wesen war. Die wichtigste neue Bekanntschaft war außer Peter King der junge Anthony Collins, ein Bewunderer der Lockeschen Philosophie, der hernach mit eigenen religionsphilosophischen Schriften hervortrat. Collins diskutierte mit Locke nicht nur philosophische Themen, sondern übernahm es auch, Locke über Neuerscheinungen zu informieren, für ihn in London Bücher zu kaufen und andere persönliche Angelegenheiten zu erledigen. Locke war von Collins' intellektueller Begabung begeistert und stand ihm persönlich sehr nahe. Im Juni 1703 schreibt er an Collins: *Ich dachte, ich sei von der Welt bereits recht losgelöst, aber ich beginne zu merken, daß Sie mich wieder fest an sie binden. Denn seit ich Ihre Freundschaft habe, ist mir mein Leben viel kostbarer, als es vorher war.*[223] Durch die Gesellschaft junger Freunde wie King und Collins lebte Locke noch einmal auf. Er hoffte nicht zuletzt, daß talentierte Leute wie sie nach seinem Tod sein politisches und philosophisches Erbe antreten würden. – Locke wandte sich in seinen letzten Lebensjahren wieder der Bibelauslegung und speziell einem intensiven Studium der Paulus-Briefe zu. Er besprach seine Interpretationen mündlich mit Damaris Masham, brieflich mit Newton und bereitete auch eine Publikation seiner *Paraphrase und Erläuterungen* vor. Diese Studien erschienen jedoch erst nach Lockes Tod in den Jahren 1705 bis 1707. In der Einleitung argumentiert Locke wie schon in *Die Vernünftigkeit des Christentums* für philologische Genauigkeit bei der Textinterpretation. Noch zu Lockes Lebzeiten, im November 1703, kam seine zweisprachige Edition von *Aesops Fabeln* heraus, an der er seit Anfang der neunziger Jahre gearbeitet hatte. Zweck dieser Ausgabe war es, englischen Kindern das Lateinlernen zu erleichtern, Ausländern beim Erlernen des Englischen zu helfen. Im Vorwort vertritt Locke die Auffassung, daß es möglich sei, sich eine Fremdsprache anzueignen, ohne daß man mit den grammatischen Regeln beginne.

Im Laufe des Jahres 1704 häuften sich die Briefe Lockes, in denen er die Ahnung seines baldigen Todes zum Ausdruck brachte. Vor dem Tod kam jedoch ungewohntes Leben in das Haus in Oates: Peter King hatte geheiratet, und Locke, über dieses Ereignis hocherfreut, organisierte ein Festessen zu Ehren des jungen Paares. Locke blühte noch einmal auf. Die Feier im kleinen Kreis scheint ein großer Erfolg gewesen zu sein; allen Anwesenden war jedoch klar, daß es sich um das letzte Fest des Philosophen handelte. Schon wenige Wochen später wurde Lockes Zustand in der Tat ernst: Am 27. Oktober fühlte er sich zu schwach zum Aufstehen und konnte keine Nahrung zu sich nehmen. Damaris Masham blieb bis Mitternacht am Bett ihres Philander. Nach einer schlaflosen Nacht ließ sich der Zweiundsiebzigjährige am Morgen des 28. Oktober in sein Arbeitszimmer bringen und – umgeben von seinen Büchern – wie gewohnt anziehen. Philoclea weilte wieder bei ihm und las aus den Psalmen. Nach ihrer Darstellung wurde Locke gegen drei Uhr nachmittags unruhig, setzte sich auf einen anderen Stuhl, hob die Hände gegen seine Augen und starb. – Drei Tage später wurde Locke in der Nähe auf dem Friedhof der Kirche von High Laver seinen eigenen Anweisungen gemäß in einem einfachen Holzsarg beigesetzt. Er hatte sich erbeten, daß das Geld, das sonst für eine Schmückung des Sargs verwendet worden wäre, den Armen der Gemeinde zukommen möge. Die Armen der Gemeinden High Laver und Pensford bedachte Locke auch in seinem Testament. Seiner Philoclea vermachte er unter anderem einen Diamantring und Bücher. Wie viele andere (einschließlich der Angestellten im Haushalt der Mashams) erhielten Esther Masham, Sir Francis, John Freke, Anthony Collins und Edward Clarke je einen kleinen Teil des Erbes. Haupterbe war neben Peter King der Sohn von Sir Francis und Lady Damaris Masham. In einem Nachtrag zu seinem Testament hatte sich Locke zu allen von ihm anonym publizierten Schriften bekannt.

Die Wirkung von Lockes Denken auf die Philosophie der Folgezeit ist unermeßlich. Der *Essay über den menschlichen Verstand* zählt zu den meistgelesenen und einflußreichsten Büchern der Philosophiegeschichte; in England wurde dieses Werk bis 1830 im Schnitt alle drei bis vier Jahre nachgedruckt; und viele weitere Auflagen sind seither auf den Markt gekommen. Durch Übersetzungen (vor allem ins Französische), die bereits seit den neunziger Jahren des 17. Jahrhunderts erschienen und ebenfalls zahlreiche Neuauflagen erfuhren, wirkten Lockes Schriften weit über die Grenzen Englands hinaus. Im 18. Jahrhundert stand das Denken Lockes im Zentrum der philosophischen Diskussion; Lockes Stellung wurde von Zeitgenossen mit der des Aristoteles im Mittelalter verglichen. Dabei beeinflußte Locke nicht nur die Philosophie, sondern auch die sich entwickelnde Psychologie, Pädagogik und ökonomische Theorie. Seine Wirkung beschränkte sich keineswegs auf die Fachwelt, sondern betraf die gesamte gebildete Öffentlichkeit; viele seiner Gedanken wurden geistiges Allgemeingut und wirkten auf Politik und Literatur. So wie die glorreiche Revolution von 1688 neue Wege für das politische und gesellschaftliche Leben wies, so trug Locke durch seine philosophische Publikationstätigkeit, die ebenfalls 1688 mit der Veröffentlichung der Kurzfassung seines *Essay* begann, zu einem Umdenken im intellektuellen Bereich bei: Locke verhalf Prinzipien wie denen des Selbstdenkens und des Primats der Vernunft zum Durchbruch und gehört damit zu den Initiatoren und führenden Köpfen der europäischen Aufklärung.

Locke war schon zu Lebzeiten eine berühmte Persönlichkeit. Seine Lehren wurden seit Mitte der neunziger Jahre lebhaft und kontrovers diskutiert. Zunächst überwogen die kritischen Stimmen, aber Locke hatte auch schon Bewunderer und Verteidiger (z. B. Anthony Collins und Samuel Bold). Lockes Religionsphilosophie mit ihrer Betonung von Vernunft, Moral und (wenn auch eingeschränkter) Toleranz formte zwar das Denken der Aufklärung im 18. Jahrhundert, stieß aber zu Lockes Lebzeiten bei der orthodoxen anglikanischen Geistlichkeit auf heftige Ablehnung: Sie wurde mit allen gängigen negativen Etiketten belegt, die größtenteils überhaupt nicht auf Lockes Lehre zutreffen: «Deismus», «Hobbismus», «Atheismus» und gar «Spinozismus». Gegen Jonas Proasts Kritik am *Brief über Toleranz* publizierte Locke gleich 1690 eine Antwort. *Ein dritter Brief über Toleranz* von 1692 ist gegen eine erneute Kritik Proasts gerichtet und umfaßt nicht weniger als 350 Druckseiten. Dies brachte Proast für zwölf Jahre zum Schweigen; als er dann wieder mit einem Pamphlet gegen Locke herauskam, setzte sich dieser gleich daran, eine Erwiderung abzufassen, starb aber, bevor er sie fertigstellen konnte. Im Laufe des 18. Jahrhunderts wurde der *Brief* zu einem Standardwerk, an Hand dessen die Aufklärer ihre über Locke hinausgehenden Toleranzforderungen entfalteten. Für eine zentrale Figur der Aufklärungsphilosophie wie Voltaire ist der *Brief über Toleranz* das wichtigste Werk des von ihm hochgeschätzten Engländers: 1764 veröffentlichte er seine «Abhandlung zur Toleranz» zusammen mit einer französischen Übersetzung von Lockes *Brief*. Über Voltaires Locke-Begeisterung wurde auch Friedrich der Große zu einem Bewunderer des englischen Philosophen. Obwohl Lockes religionsphilosophische Position nicht mit der des Deismus übereinstimmt, beriefen sich viele jüngere Deisten auf Lockes Erkenntnistheorie, die sie als Grundlage für ihre radikaleren Auffassungen benutzten. Dies hatte zur Folge, daß sich die Polemik gegen Locke von anglikanischer Seite noch verschärfte: John Edwards publizierte 1695, 1696 und 1697 Schmähschriften hauptsächlich gegen *Die Vernünftigkeit des Christentums* und warf Locke vor, Deismus und Atheismus Vorschub zu leisten. Locke antwortete in zwei Verteidigungsschriften von 1695 und 1697, reagierte dann aber nicht mehr öffentlich auf Edwards' Polemik, die immer mehr persönlich-beleidigende Form annahm. Locke setzte sich inzwischen mit der argumentativ ernster zu nehmenden Kritik des angesehenen Edward Stillingfleet, Bischof von Worcester, auseinander. In Pamphleten aus den Jahren 1696, 1697 und 1698 richtete Stillingfleet den Vorwurf der Religionsfeindlichkeit direkt gegen den unter Lockes Namen publizierten *Essay über den menschlichen Verstand*. Locke verfaßte drei umfangreiche Erwiderungen (1697 und 1699) und versuchte zu zeigen, daß seine Bestimmung der Grenzen menschlicher Erkenntnis keine Beeinträchtigung der christlichen Religion zur Folge habe. Diese in der damaligen Gelehrtenwelt viel beachtete Kontroverse endete 1699 mit dem Tod Stillingfleets. *Die Vernünftigkeit des Christentums* wurde 1697 von der Grand Jury von Middlesex mit der Begründung geächtet, das Buch leugne die Trinität, appelliere an die Vernunft als dem einzigen Kriterium religiöser Wahrheit und fördere dadurch Deismus und Atheismus. Auch der offizielle Katholizismus verurteilte natürlich Lockes Denken: 1734 wurde der *Essay*, 1737 *Die Vernünftigkeit* auf den Index der verbotenen Bücher gesetzt. Diese Maßnahmen konnten jedoch die Verbreitung von Lockes Philosophie nicht verhindern. Auch Lockes kritische Methode der Bibelauslegung fand Nachahmer im 18. Jahrhundert. Christian Thomasius, der für die Entstehung der Aufklärung in Deutschland von Bedeutung war, wurde von Lockes Kritik an der religiösen Schwärmerei beeinflußt. In Nordamerika verarbeitete Jonathan Edwards als erster dort geborener und ausgebildeter Philosoph von Rang die Lehren John Lockes.

Auf die pädagogischen Ziele der Aufklärer weisen *Einige Gedanken*

Voltaire. Kupferstich von E. Beisson nach Nicolas de Largillière, 1714

zur *Erziehung* voraus, ebenfalls ein oft aufgelegtes und viel gelesenes Buch (deutsch zuerst 1708). In Deutschland bewunderten die «Philanthropen» genannten Reformpädagogen wie Johannes Bernhard Basedow und Ernst Christian Trapp Locke und knüpften mit ihrer Kritik an herkömmlichen Lehrmethoden und ihrem Programm einer Erziehung zur Selbständigkeit an die *Gedanken* an. Basedow hatte auch die Möglichkeit, in seinem 1774 in Dessau gegründeten «Philanthropinum» seine pädagogische Theorie in die Praxis umzusetzen. In Frankreich beschäftigte sich Rousseau in seinem seinerseits einflußreichen Erziehungsroman «Emile» kritisch mit Lockes *Gedanken*. Rousseau folgt in einigen Punkten Locke, weist jedoch Lockes Ausrichtung an der Vernunft zu-

127

rück; gleichwohl trug der Erfolg des «Emile» weiter zur Verbreitung von Lockes Position bei. – Eine kurze Abhandlung Lockes, *Von der Leitung des Verstandes*, die als zusätzliches Kapitel für die vierte Auflage des *Essay* geplant war, aber erst 1706 zusammen mit anderen nachgelassenen Werken als Fragment erschien, enthält Leitgedanken der Aufklärung und hatte beträchtlichen Einfluß auf Kant. In der *Leitung* geht es nicht wie im *Essay* um die Möglichkeit und Grenzen menschlicher Erkenntnis überhaupt, sondern um die Anwendung des Verstandesvermögens: Man könne dann Fortschritte bei der Suche nach Wahrheit machen, wenn man Vernunft statt Leidenschaft bevorzuge, sich um Selbstdenken und umfassende Sachkenntnis bemühe und sich so althergebrachten Vorurteilen entziehe.

Für Lockes These von der Demonstrierbarkeit der Moral fand sogar ein entschiedener Gegner Lockes wie Leibniz lobende Worte. Francis

Gottfried Wilhelm Leibniz. Stich von E. Liquet

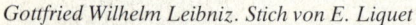

Nicolas de Malebranche. Zeitgenössischer Stich

Hutcheson und der 3. Graf von Shaftesbury, die Vertreter der «Moral Sense»-Philosophie waren (einer bedeutenden Bewegung in der Ethik des 18. Jahrhunderts), lehnten Lockes Ethik-Konzeption zwar ab; aber sie erarbeiteten ihre eigene Lehre in Auseinandersetzung mit Locke. So übernahm Hutcheson Lockes Theorie von Sensation und Reflexion als Quellen unserer Ideen und postulierte ferner einen «moralischen Sinn» als allgemeinmenschlichen Ursprung der Ideen von Gut und Böse. – In ähnlicher Weise wirkte Lockes Lehre von den Ideen auch auf die Ästhetik des 18. Jahrhunderts – ein Gebiet, zu dem er selbst gar keine eigene Theorie vorgelegt hatte. In der schönen Literatur des 18. Jahrhunderts gibt es viele direkte und indirekte Hinweise auf verschiedene Lehrstücke Lockes: zum Beispiel bei Richardson, Sterne, Swift und Addison; doch Lockes Echo ging vermutlich über das in einzelnen Bezugnahmen hinaus. Es ist darauf hingewiesen worden, daß Lockes Bestimmung der menschlichen Person durch Bewußtsein und seine Loslösung des Personbegriffs von dem Gedanken einer ewig fortdauernden unveränderlichen Substanz

129

für die Ich-Vorstellung in der modernen Literatur insgesamt entscheidend wurde (Leugnung eines festen Ich-Kerns, Veränderlichkeit des Ich usw.). Es scheint allerdings schwierig zu sein, hier einen direkten Einfluß Lockes nachzuweisen.

Die Diskussion um die erkenntnis- und wissenschaftstheoretische Lehre des *Essay* begann kurz nach dem Erscheinen des Buches und dauert bis heute an. Zu Lockes Lebzeiten wurde seine Erkenntniskonzeption sowohl von cartesianischer Seite (John Norris, 1690), als auch vom Standpunkt thomistisch-aristotelisierenden Denkens (John Sergeant, 1697) angegriffen. Locke hatte für die metaphysischen Erklärungsversuche beider Schulen wenig übrig. Norris war ein Anhänger der Philosophie Nicolas de Malebranches, der im Anschluß an Descartes eine Erkenntnisauffassung entworfen hatte, wonach unsere Ideen nichts anderes als immaterielle Gegenstände im Geist Gottes sind: Wann immer wir Ideen von Gegenständen erhielten, geschehe dies letztlich durch das Eingreifen Gottes. Locke verfaßte 1693 *Bemerkungen zu einigen Büchern von Mr. Norris* und 1695 eine zunächst als Kapitel für den *Essay* vorgesehene *Untersuchung über P. Malebranches Auffassung von dem Sehen aller Dinge in Gott*. Beide Abhandlungen erschienen jedoch erst postum, die *Untersuchung* 1706, die *Bemerkungen* 1720. Gegen Sergeant, für den wir aus reinen Begriffen a priori Erkenntnis über das Wesen der natürlichen Dinge erlangen können, publizierte Locke keine Antwort; aber die Notizen in Lockes Exemplar von Sergeants Buch weisen darauf hin, daß Locke eine Erwiderung geplant hatte. – Der berühmteste unter den frühen Kritikern ist der deutsche Philosoph Gottfried Wilhelm Leibniz; dieser versuchte mit Locke einen Briefwechsel über philosophische Fragen zu beginnen, hatte damit aber keinen Erfolg. Kurz nach Lockes Tod stellte Leibniz seinen umfangreichen, auf französisch abgefaßten Kommentar zum *Essay* fertig, betitelt «Neue Essays über den menschlichen Verstand». Das Buch wurde aber erst 1765 publiziert – fast 50 Jahre nach Leibniz' Tod. Leibniz verteidigt die Lehre von den eingeborenen Prinzipien und Ideen und trägt seine Version einer metaphysischen Substanzenlehre gegen Locke vor. Lockes Philosophie hat für ihn eine gefährlich-materialistische Tendenz.[224] Die erkenntniskritische Fragestellung Lockes blieb Leibniz fremd. – Das Thema der menschlichen Erkenntnis wurde in der Folgezeit von anderen Philosophen weiterverfolgt – indes meist mit anderen Ergebnissen als bei Locke. Für den Iren George Berkeley ist die Lösung des Erkenntnisproblems nur möglich, wenn man die Existenz materieller Substanzen leugnet: Berkeleys Position zeichnet sich dadurch aus, daß er – anders als Locke – den empiristischen Ansatz mit einem Immaterialismus verbindet. Um eine kritische Fortführung von Lockes empiristischen Ansätzen bemühten sich in Frankreich Etienne Bonnot de Condillac und in Schottland David Hume. Humes psychologische Erklärungen unserer Aussagen über die Welt brachten ihn zu einer skeptizistischen Position hinsicht-

Herrn Johann Lockens
Versuch
vom
Menschlichen Verstande.

Aus dem Englischen übersetzt
und
mit Anmerkungen versehen
von
Heinrich Engelhard Poleyen,
Professor der Philosophie und Mathematik zu Weißenfels.

Altenburg, in der Richterischen Buchhandlung. 1757.

*Titelseite der ersten deutschen Übersetzung von Lockes
«Essay Concerning Human Understanding», 1757*

lich der Erkenntnisfrage. Die psychologisierenden Argumente Humes
und anderer Empiristen lassen sich insbesondere auf das Kapitel über die
Assoziation der Ideen zurückführen, das Locke der vierten Auflage des
Essay hinzugefügt hatte. Locke untersucht hier, wie Verknüpfungen von
Ideen, die sich durch Zufall und Gewohnheit im menschlichen Geist erge-
ben, zur Unvernünftigkeit, nämlich zu Aberglauben und irrationalen
Sympathien und Antipathien führen: Mit diesen Überlegungen wurde
Locke zum Vorläufer der sich im 18. Jahrhundert entfaltenden Assozia-
tionspsychologie (z. B. bei David Hartley). – Lockes Analysen zur Ab-
stammung unserer Ideen aus der inneren und äußeren Erfahrung wirkten

auch auf die in der zweiten Hälfte des 18. Jahrhunderts verstärkt auftretenden psychologischen Untersuchungen in Deutschland (Tetens, Meiners,
Feder, Irwing). Noch im späten 19. Jahrhundert knüpften Psychologen
wie William James bei der Erörterung grundlegender Probleme wie dem
des Bewußtseins und der personalen Identität an Lockes Ausführungen
dazu an. – Die konsequenteste und weittragendste Entfaltung von Lockes
erkenntniskritischer Fragestellung leistete Immanuel Kant. Obwohl sich
Kant in Publikationen hauptsächlich negativ über Locke äußert, kam
dem *Essay* eine wesentliche Rolle bei der Entstehung der «Kritik der reinen Vernunft» zu. Ungeachtet aller systematischen Unterschiede zwischen den beiden Werken ist Lockes *Essay* der einzige ebenbürtige Vorläufer, den Kants «Kritik der reinen Vernunft» als erkenntniskritisches
Werk hat. – In der ersten Hälfte des 19. Jahrhunderts wurde Locke nicht
nur von den deutschen Idealisten, sondern auch von den meisten Philosophen in Frankreich und im englischsprachigen Bereich abgelehnt. Dies
änderte sich etwas mit dem Aufkommen historisch orientierter Forschung in der Philosophie. Vor allem im Zuge des Aufstiegs der Analytischen Philosophie im 20. Jahrhundert beschäftigte man sich wieder unter systematischen Gesichtspunkten mit Locke. Analytische Philosophen
sehen in Locke einen ihnen geistig verwandten Denker, der sich wie sie
von den großen metaphysischen Systemen abwendet und sich statt dessen
der präzisen Analyse von Einzelfragen widmet. Auch inhaltlich bezieht
man sich bei der Diskussion einer Vielzahl von Problemen (personale
Identität, primäre und sekundäre Qualitäten, Sprache und Bedeutung
usw.) auf Lockes Argumente und Positionen, die es zu verteidigen bzw.
zu kritisieren gelte. Die Auseinandersetzung mit Locke ist in der Philosophie der Gegenwart jedoch nicht auf die Behandlung von Einzelproble-
men beschränkt, sondern betrifft Lockes Erkenntnis- und Wissenschafts-
theorie im ganzen. So wird weiterhin versucht, unter Bezugnahme auf
Locke einen haltbaren Begriff von der Erfahrungsgrundlage unserer Erkenntnis zu erarbeiten.

Lockes politische Philosophie war anfangs nur vereinzelt Gegenstand
von Kontroversen. Im 18. Jahrhundert wurden die *Traktate* (häufig
allein der *Zweite Traktat*) in England mehr als zwanzigmal neu aufgelegt
– ein Publikationseifer, der bis heute ungebrochen ist. Das Buch galt als
grundlegendes Werk zur Gesellschaft und Verfassung des neuen, nach-
revolutionären England, als dessen Ausdruck es von vielen angesehen
wurde. Die Grundsätze der *Traktate* erlangten einen derartigen Bekannt-
heitsgrad, daß sie auch dort wirksam werden konnten, wo man sich nicht
einer detaillierten Lektüre des Textes zuwandte. Es ist zum Beispiel um-
stritten, inwieweit Montesquieu die in seinem folgenreichen Werk «Vom
Geist der Gesetze» (1748) formulierte Idee der Gewaltenteilung tatsächlich Locke verdankte. Unumstritten ist die Tatsache von Rousseaus Beschäftigung mit dem *Zweiten Traktat*: Rousseau war von Lockes Ei-

gentumstheorie beeindruckt und entwickelte die Vertragstheorie weiter. – Lockes politische Philosophie hatte auch außerhalb Englands Folgen für die Praxis: In einem 1698 veröffentlichten Buch, das zum Standardwerk der irischen Nationalisten wurde, wendet Lockes Freund William Molyneux bei seiner Forderung nach Unabhängigkeit von der Gesetzgebung Englands explizit Argumente aus dem *Zweiten Traktat* an. Mit ähnlichen Argumenten wie Molyneux kämpfte man in der zweiten Hälfte des 18. Jahrhunderts in Nordamerika für die Unabhängigkeit von England. Obwohl hier Schlagworte aus Locke benutzt wurden, darf die Rolle von Lockes Buch für diese Bewegung nicht überschätzt werden. Es steht aber fest, daß führende und einflußreiche Persönlichkeiten der Unabhängigkeitsbewegung wie Thomas Jefferson mit den Gedanken der *Traktate* wohlvertraut waren. Jefferson, der die amerikanische Unabhängigkeitserklärung von 1776 entwarf, wurde nicht grundlos vorgeworfen, er habe aus Locke abgeschrieben. Die Radikalität von Lockes politischer Philosophie war ebenfalls einigen Ideologen der Französischen Revolution bewußt, die sich auf den Engländer beriefen; und die französische «Erklärung der Menschen- und Bürgerrechte» der Nationalversammlung von 1789 weist mit der Hervorhebung der Grundrechte auf Freiheit, Eigentum und Widerstand gegen Unterdrückung zentrale Gedanken Lockes auf. In den zeitgenössischen Reaktionen auf die Revolutionen in Amerika und Frankreich wurde dementsprechend immer wieder Locke als deren geistiger Vater verantwortlich gemacht. Zweifellos ist Locke zu den Denkern zu rechnen, die zur Durchsetzung der demokratischen Ideale von Gewaltenteilung, Schutz der Individualrechte und parlamentarischer Kontrolle beigetragen haben. Ein liberaler Wirtschaftswissenschaftler wie John Maynard Keynes pries Lockes finanztheoretische Schriften. Die Eigentumstheorie Lockes, eines der originellsten Lehrstücke der *Traktate*, fand mit ihrer Betonung des Arbeitsbegriffs aber auch Eingang in das sozialistische Denken (Thomas Hodgskin). Überall dort, wo die Bedingungen rechtmäßiger Aneignung von Sachbesitz diskutiert werden, kommt man noch heute an einer Auseinandersetzung mit Lockes Theorie nicht vorbei. Dies bezeugen die ständig weiter hierzu erscheinenden Abhandlungen.

Gewiß hatte Locke sich eine bestimmte Wirksamkeit seiner intellektuellen Arbeit erhofft. Angesichts der lebhaften Kontroversen, die seine Bücher schon unmittelbar nach ihrer Publikation hervorriefen, war es überdies unwahrscheinlich, daß die Diskussion um seine Theorien mit seinem Tod beendet sein würde; doch die eben skizzierte immense Wirkung über die Jahrhunderte hinweg hatte er nicht erahnen können. Locke stellte sich meist in – stilisierter – Bescheidenheit dar; so in der von ihm selbst verfaßten Grabschrift, die kurz nach seinem Tod (ergänzt um die Lebensdaten) auf eine Marmortafel gemeißelt und über seinem Grab angebracht wurde. Die Tafel befindet sich heute im Innern der Kirche von High Laver:

Verweile Wanderer,

Hier liegt John Locke. Wenn Du fragst, was für ein Mann er war, so antwortet er: einer, der mit seinem bescheidenen Los zufrieden lebte. Durch die Wissenschaften genährt erreichte er gerade so viel, daß er der Wahrheit allein diente. Dies lerne aus seinen Schriften; sie werden Dir mitteilen, was von ihm übrig ist, und zwar wahrhafter als die verdächtigen Lobpreisungen einer Grabschrift. Seine Tugenden, wenn er welche besaß, waren zu gering, als daß er sich ihrer rühmen oder sie Dir zur Nachahmung hinstellen könnte. Seine Fehler seien mit ihm begraben. Wenn Du ein Vorbild der Tugend suchst, Du hast es im Evangelium; ein solches der Laster mögest Du nirgendwo finden. Ein Bild des Todes (Dir zum Nutzen) hast Du gewiß hier und überall.

Daß er a. D. 1632 am 29. August *geboren wurde und* a. D. 1704 am 28. Oktober *gestorben ist, daran erinnert diese Tafel, die bald selbst vergehen wird.*[225]

Anmerkungen

Soweit von Lockes Schriften deutsche Übersetzungen vorliegen, sind diese vom Verfasser überprüft und für Zitate wenn erforderlich korrigiert worden. Andere Übertragungen stammen direkt vom Verfasser. – Wiederkehrende Literaturangaben werden durch folgende Abkürzungen gekennzeichnet:

Abrams	John Locke: Two Tracts on Government. Hg. von Philip Abrams. Cambridge 1967
Ashcraft	Richard Ashcraft: Revolutionary Politics and Locke's ‹Two Treatises of Government›. Princeton 1986
Correspondence	The Correspondence of John Locke. 9 Bde. Hg. von E. S. de Beer. Oxford 1976ff
Cranston	Maurice Cranston: John Locke. A Biography. London 1957. Paperback-Ausgabe 1985
Ebbinghaus	John Locke: Ein Brief über Toleranz. Englisch-deutsch. Übers. und hg. von Julius Ebbinghaus. Hamburg 1966[2]. Nachdruck 1975
Essay	John Locke: An Essay Concerning Human Understanding. Hg. von P. H. Nidditch. Oxford 1975
Fox Bourne	Henry R. Fox Bourne: The Life of John Locke. 2 Bde. London 1876. Nachdruck Aalen 1969
Gedanken	John Locke: Some Thoughts Concerning Education. In: The Educational Writings of John Locke. Hg. von James Axtell. Cambridge 1968
Klibansky	John Locke: Epistola de Tolerantia, A Letter on Toleration. Hg. von Raymond Klibansky und J. W. Gough. Oxford 1968
Traktate	John Locke: Two Treatises of Government. Hg. von Peter Laslett. Cambridge 1967[2]
Von Leyden	John Locke: Essays on the Law of Nature. Hg. von Wolfgang von Leyden. Oxford 1954. 2. Nachdruck 1988
Works	The Works of John Locke. A New Edition, Corrected. 10 Bde. London 1823. Nachdruck Aalen 1963

1 Wichtigste Quellen zur Biographie Lockes sind die umfangreichen Arbeiten von Fox Bourne und Cranston. Bei Ashcraft sind Erkenntnisse zu Lockes politischem Engagement zu finden, die den Auffassungen Fox Bournes und Cranstons z. T. widersprechen. Zu Lockes früher Erziehung und ersten 30 Lebensjahren als Schüler, Student und Lehrender vgl. auch James Axtells Einleitung zu seiner Ausgabe von Lockes *Gedanken* und anderen erziehungstheoretischen Schriften. Seit 1976 ist dank de Beers exzellenter Edition von Lockes Briefwechsel (vom Herausgeber mit vielen lehrreichen Anmerkungen versehen) eine Fülle von neuem Primärmaterial zugänglich, von dem bei der Arbeit an dieser Monographie ebenfalls umfassen-

der Gebrauch gemacht wurde. Zum historischen Hintergrund allgemein vgl. insbesondere Ashcraft, die Einleitung bei Abrams und die in der Bibliographie unter dieser Rubrik aufgeführten Arbeiten von Hill, Kluxen und von Ranke.

2 Lockes *Essay* erschien zuerst im Dezember 1689. Um den Zugang zu den verschiedenen Ausgaben und Übersetzungen zu erleichtern, wird nicht nach Seitenzahl der hier benutzten textkritischen Edition Nidditchs zitiert, sondern wie allgemein gebräuchlich nach Lockes eigener Einteilung in Paragraphen, Kapitel und Bücher: «*Essay* III, 1, 4» z. B. bezieht sich auf den vierten Paragraphen im ersten Kapitel des dritten Buches von Lockes *Essay*.

3 Vgl. Lockes Erziehungsschrift: *Gedanken*, § 40

4 Correspondence I: 4. – Die Briefe sind von de Beer durchnumeriert worden; «Correspondence I: 4» bezieht sich auf Brief Nr. 4 im ersten Band von de Beers Edition des Briefwechsels.

5 Correspondence I: 6. – Vgl. Cicero, «Epistularum ad Familiares Libri XVI», II, 6 (an C. Curio): «...weil man als charaktervoller Mann sich demjenigen gern aufs höchste verpflichtet fühlt, in dessen Schuld man schon steht.» Ich folge einem Hinweis de Beers.

6 *Gedanken*, § 189. – Zu Lockes Ausbildung in Oxford vgl. Axtells Einleitung in *Gedanken*, S. 27–36

7 Abgedruckt bei Fox Bourne, S. 50–52

8 Vgl. Correspondence I: 29 u. 30 sowie die Hinweise de Beers

9 Correspondence I: 29. Zum Geschlecht der Enakiter vgl. 4. Mose, 13: 33–4: «...Das Land, das wir durchzogen haben, um es auszukundschaften, verzehrt seine Bewohner, und das ganze Volk, das wir sahen, besteht aus hochgewachsenen Leuten. Wir sahen dort auch die Riesen, die Enakiter aus dem Riesengeschlecht, und wir ka-

men uns vor wie Heuschrecken, und so erschienen wir auch ihnen.»

10 Correspondence I: 225. – Vgl. auch de Beers Hinweise auf S. XVIII und 68

11 Correspondence I: 214

12 Correspondence I: 343. – Vgl. auch de Beers Hinweis auf S. 324

13 Correspondence I: 17

14 Correspondence I: 45

15 Correspondence I: 54

16 Die Korrespondenz wird Jahre später erneut aufgenommen. Elinor Parry ist dann allerdings bereits Mrs. Hawkshaw. Vgl. Correspondence III: 1152

17 Correspondence I: 82 (beide Zitate)

18 Correspondence I: 91

19 Abrams, S. 119. – Von der Universität Oxford wurde jetzt ein Gedichtband zu Ehren Karls II. vorgelegt; wieder war Locke unter den Auftragsdichtern. Vgl. Abrams, S. 51 f

20 Philip Abrams hat diese beiden Abhandlungen 1967 vollständig veröffentlicht, sie mit dem Titel «Two Tracts on Government» und einer informativen Einleitung und Anmerkungen versehen. Ebenso konservativ wie diese Abhandlungen ist ein Aufsatz, den Locke 1660 über die Unfehlbarkeit verfaßte, aber gleichfalls nicht publizierte. John C. Biddle hat diesen Text herausgegeben in: Journal of Church and State 19, 1977, S. 301–327.

21 Vgl. dazu Abrams, S. 38 und S. 252 f

22 Abrams, S. 121

23 Von Leyden, S. 198/99

24 Wolfgang von Leyden hat sie 1954 unter dem Titel «Essays on the Law of Nature» zusammen mit anderem Manuskriptmaterial veröffentlicht und eine ausführliche, den historischen Hintergrund erhellende Einleitung hinzugefügt.

25 Abgedruckt bei Von Leyden, S. 220–243

26 Ebd. S. 242

27 Correspondence I: 156

28 Correspondence I: 97

29 Vgl. Kenneth Dewhurst: John Locke (1632–1704) Physician and Philosopher. London 1963, S. 32

30 Locke verfaßte sogar ein Lobgedicht auf Sydenham. Vgl. Patrick Romanell: John Locke and Medicine. A New Key to Locke. Buffalo, N. Y. 1984, S. 77

31 Correspondence I: 184. –Vgl. auch die Hinweise de Beers

32 Correspondence I: 186

33 Correspondence I: 175

34 Ebd.

35 Um eine Vielzahl von Namen für eine Person zu vermeiden, benutze ich den Namen «Shaftesbury» für Anthony Ashley Cooper auch für die Zeit vor 1672.

36 Abgedruckt bei Fox Bourne, Bd. I, S. 174–194. Vier Manuskriptentwürfe Lockes zum *Essay zur Toleranz* sind überliefert. Vgl. Cranston, S. 111

37 Vgl. Fox Bourne, Bd. I, S. 183

38 Vgl. zu dieser Entwicklung ausführlich die Einleitung bei Abrams, S. 84–111

39 Siehe zu dieser Schrift das Kapitel «Im England nach der glorreichen Revolution»

40 Der Verfassungsentwurf für Carolina ist abgedruckt in Works 10, S. 175–199. Siehe dazu auch Cranston, S. 119 f

41 Die Entwürfe aus dem Jahre 1671 (bekannt als «Draft A» und «Draft B») wurden zuerst von Benjamin Rand («Draft B», 1931) und R. I. Aaron und J. Gibb («Draft A», 1936) ediert. – P. H. Nidditch hat textkritische Editionen publiziert (Sheffield 1980 und 1982). Nidditchs Ausgaben sind Grundlage für die in Vorbereitung befindliche Edition der Entwürfe im Rahmen der «Clarendon Edition of the Works of John Locke».

42 *Essay*, *Brief an den Leser* (S. 7 in Nidditchs Edition)

43 Vgl. hierzu Reinhard Brandt: Observations on the First Draft of the Essay Concerning Human Understanding. In: R. Brandt (Hg.), John Locke. Symposium Wolfen-

büttel 1979. Berlin/New York 1981, S. 25–42

44 Vgl. dazu ausführlich Cranston, S. 156–159

45 Abgedruckt in Works 10, S. 200–246. – Siehe dazu und zum folgenden Ashcraft, S. 116–123; Cranston, S. 158

46 Cranston, S. 159; Ashcraft, S. 128–130

47 Correspondence I: 310

48 Correspondence I: 311

49 Nicoles «Essais» waren 1671 erschienen. Lockes Übersetzung kam zuerst 1712 heraus; eine weitere Edition wurde 1828 publiziert. Die Beobachtungen zum Weinanbau stellte Locke 1680 fertig, sie wurden 1766 zum erstenmal veröffentlicht und sind in Works 10, S. 323–356 zu finden.

50 Zu Lockes Exemplar von Berniers Zusammenfassung der Philosophie Gassendis siehe John Harrison/Peter Laslett: The Library of John Locke. Oxford 1971^2, S. 84 (Nr. 283)

51 Fox Bourne, Bd. I, S. 402 (aus Lockes Tagebuch)

52 Correspondence I: 417

53 Zur Lehre der *Zwei Traktate über die Regierung* im einzelnen siehe das Kapitel «Politische Philosophie»

54 Ralph Cudworth: The True Intellectual System of the Universe (Das wahre Vernunftsystem des Universums). London 1678

55 Damaris Cudworths Publikationen erschienen anonym: A Discourse Concerning the Love of God (Eine Abhandlung über die Liebe Gottes). London 1696; Occasional Thoughts in Reference to a Vertuous or Christian Life (Verstreute Gedanken über eine tugendhafte oder christliche Lebensführung). London 1705

56 Zu den Versen siehe Correspondence II: 751 und 752, zu den Decknamen Correspondence II: 677, 830, 847, 870. – Zu Lockes Verhältnis zu Damaris Cudworth vgl. auch Cranston, S. 217.

57 In: E. M. Thompson (Hg.), Let-

ters of Humphrey Prideaux to John Ellis. London 1875, S. 129

58 Algernon Sidneys Manuskript erschien postum: Discourses Concerning Government (Abhandlungen über die Regierung). London 1698

59 Zu verschlüsselten Briefen von Locke und Clarke siehe z. B. Correspondence II: 773, 774, 776 und Ashcraft, S. 414–416, 423/24. – Vgl. zu kodierten Briefen, die der radikale Whig John Frekc an Locke schrieb: Correspondence III: 915, 920; Ashcraft, S. 537

60 Vgl. zum Decknamen «Dr. van der Linden» Limborchs Brief an Damaris Cudworth (jetzt Lady Masha) vom April 1706; in Fox Bourne, Bd. II, S. 25. Zu «John Lynne» siehe Correspondence II: 842

61 Correspondence II: 830

62 Lockes Reaktion läßt sich aus Damaris Mashams Brief erschließen; siehe Correspondence II: 830

63 Limborchs Werk «Theologia Christiana» erschien 1686

64 In: Bibliothèque Universelle et Historique Nr. 2. 1686, S. 315 – 340. Eine englische Version dieses Aufsatzes kam erst 1706 heraus und ist zu finden in Works 3, S. 331–349

65 Correspondence III: 879

66 Correspondence III: 880

67 In: Bibliothèque Universelle et Historique Nr. 8. 1688, S. 49–142

68 Correspondence III: 1102. Vgl. dazu auch Ashcraft, S. 592ff

69 Essay I, 1,2. – Zur Erklärung der Zitierweise siehe oben Anm. 2

70 Ebd.

71 Essay, Brief an den Leser (S. 9–10 in Nidditchs Edition)

72 Essay I,1,3

73 Essay I,2,4

74 Essay I,3,2

75 Essay I,3,1

76 Essay I,4,24

77 Essay I,4,23

78 Essay I,1,8

79 Essay I,1,2

80 Essay II,1,3

81 Essay II,1,4

82 Essay II,1,2

83 Essay II,2,2

84 Essay II,12,2

85 Essay II,2,1 (beide Zitate)

86 Essay II,12,6

87 Essay II,12,1

88 Essay II,12,4

89 Essay IV,3,1

90 Essay IV,1,2

91 Essay IV,3,8

92 Essay IV,2,1

93 Essay IV,8,2

94 Essay IV,7,11

95 Essay IV,17,17

96 Essay IV,17,4

97 Essay IV,17,6

98 Essay IV,2,14

99 Essay IV,11,3

100 Ebd.

101 Essay IV,2,14

102 Essay II,8,9

103 Essay II,8,22

104 Essay II,8,15

105 Essay II,23,2

106 Essay I,4,18

107 Zum Begriff der Kausalität deutet Locke einen ähnlichen Gedanken bei seiner Diskussion der Idee der Kraft an (Essay II,21); vgl. auch Essay IV,10,3

108 Essay II,31,6

109 Essay III,3,13

110 Essay III,10,27

111 Essay III,5,7

112 Essay III,1,1

113 Essay, Brief an den Leser (S. 10 in Nidditchs Edition)

114 Essay III,3,17

115 Essay III,3,15

116 Essay III,6,2

117 Essay IV,12,7

118 Essay IV,3,26

119 Essay IV,12,10

120 Essay IV,17,2

121 Essay IV,12,13

122 Essay IV,12,10

123 Essay II,22,2

124 Essay III,3,18

125 Essay II,30,4

126 Essay IV,14,8

127 Essay IV,12,12

128 Zu den von Locke nicht veröffentlichten Texten zur Ethik gehören außer den frühen Abhandlungen zum Naturgesetz (siehe Von Leyden) einige Tagebuchnotizen und

vor allem die kurze Arbeit *Of Ethick in General* (wahrscheinlich zwischen 1685 und 1689 abgefaßt und abgedruckt bei Peter King: The Life and Letters of John Locke. London 1830. Bd. II, S. 122–133). – Vgl. zu Lockes Ethik besonders John Colman: John Locke's Moral Philosophy. Edinburgh 1983, aber auch J. D. Mabbott: John Locke. London, 1973, S. 103–128, sowie die Einleitung bei Von Leyden.

129 *Essay* III,5,12
130 *Essay* IV,12,8
131 *Essay* IV,3,18
132 *Essay* I,3,4; vgl. Matthäus 7,12
133 *Essay* I,3,1
134 *Essay* IV,4,8
135 *Essay* IV,3,18
136 *Essay* I,4,8
137 *Essay* II,28,8
138 *Essay* IV,10,6
139 *Essay* II,21,29 (1. Aufl.)
140 *Essay* II,21,31 (2. Aufl.)
141 *Essay* II,27
142 *Essay* II,27,26
143 *Essay* II,27,26. – Vgl. I. Kor. 14,25; 2. Kor. 5,10; Röm. 2, 6 und 16
144 *Essay* I,3,8
145 James Axtells Edition der *Gedanken* enthält auch andere erziehungstheoretische Schriften Lockes. Siehe zur historischen Einordnung von Lockes *Gedanken* Axtells Einleitung (S. 49–65).
146 *Gedanken*, § 30
147 *Gedanken*, § 134
148 *Gedanken*, § 70
149 *Gedanken*, § 31
150 *Gedanken*, § 64
151 *Gedanken*, § 47
152 *Gedanken*, § 81
153 *Gedanken*, § 216 (in einigen Ausgaben als § 217 gezählt)
154 *Traktate* II, 59. – Zitierweise: «II, 59» bezieht sich auf den *Zweiten Traktat*, § 59
155 *Traktate* II, 118
156 *Traktate*, *Vorwort* (S. 155 in Lasletts Edition)
157 Vgl. hierzu Ashcraft, S. 590–602
158 Vgl. *Traktate* II, 1
159 *Traktate* II, Titelseite
160 *Traktate* II, 6

161 Ebd.
162 *Traktate* II, 87 – Vgl. zu «Leben», «Freiheit», «Besitz» als Schlagworte im englischen Bürgerkrieg: Reinhard Brandt, Menschenrechte und Güterlehre. In: R. Brandt (Hg.), Rechtsphilosophie der Aufklärung. Symposium Wolfenbüttel 1981. Berlin/New York 1982, S. 79–106, bes. S. 92
163 *Traktate* II, 27
164 *Traktate* II, 25
165 *Traktate* II, 27
166 Ebd.
167 *Traktate* II, 31
168 *Traktate* II, 51
169 *Traktate* II, 87
170 *Traktate* II, 4
171 *Traktate* II, 126
172 *Traktate* II, 91
173 *Traktate* II, 95
174 *Traktate* II, 135
175 *Traktate* II, 12
176 *Traktate* II, 136
177 *Traktate* II, 147
178 *Traktate* II, 222
179 *Traktate* II, 232
180 *Traktate* II, 222
181 *Traktate* II, 235
182 *Traktate* II, 228
183 *Traktate* II, 199
184 *Traktate* II, 220
185 Klibansky, S. 64; Ebbinghaus, S. 10/11. – Die Verweise auf Klibansky beziehen sich auf das dort abgedruckte lateinische Original von Lockes *Brief über Toleranz*. Popples englische Übersetzung ist in Works 6, S. 1–58 zu finden, aber auch bei Ebbinghaus zusammen mit dessen deutscher Übersetzung.
186 Klibansky, S. 66; Ebbinghaus, S. 12/13
187 Klibansky, S. 66; Ebbinghaus, S. 14/15
188 Klibansky, S. 84; Ebbinghaus, S. 36/37
189 Klibansky, S. 102; Ebbinghaus, S. 56/57. – Zur Erweiterung des Toleranzgedankens auf den Handlungsbereich und deren Zusammenhang mit der Entwicklung von Lockes politischer Philosophie vgl. die Einleitung bei Abrams, S. 100–107

190 Klibansky, S. 134; Ebbinghaus, S. 94/95
191 Klibansky, S. 58; Ebbinghaus, S. 2/3
192 Klibansky, S. 132; Ebbinghaus, S. 92 u. 94/93 u. 95
193 Klibansky, S. 132–134; Ebbinghaus, S. 94/95
194 Vgl. dazu Ashcraft, S. 502–504
195 Works 7, S. 3
196 Works 7, S. 152
197 Works 7, S. 28
198 Works 7, S. 105
199 Works 7, S. 13 und S. 11
200 Works 7, S. 115/16
201 Works 7, S. 140
202 *Essay* IV,18,2
203 *Essay* IV,18,4
204 *Essay* IV,18,5
205 *Essay* IV,18,7
206 *Essay* IV,18,8
207 *Essay* IV,18,7
208 *Essay* IV,18,8
209 *Essay* IV,19,4
210 *Essay* IV,19,3
211 *Essay* IV,19,7
212 Lockes Kommentar zum Zensurgesetz ist abgedruckt in Correspondence V, S. 785–791; S. 795/96
213 Works 5, S. 36. – Vgl. zu Lockes ökonomischen Schriften bes. Maria Lückeroth: Die geld- und kredittheoretischen Ansichten John Lockes und David Humes. (Diss.) Bonn 1953, und Karen I. Vaughn: John Locke, Economist and Social Scientist. Chicago 1980
214 Works 5, S. 45 (beide Zitate)
215 Works 5, S. 23
216 Works 5, S. 204
217 Correspondence V: 1972
218 Lockes Entwurf zur Reform des Armengesetzes ist abgedruckt bei Fox Bourne, Bd. II, S. 377–391. Der Entwurf liegt auch in deutscher Übersetzung vor. In: John Locke, Bürgerliche Gesellschaft und Staatsgewalt. Sozialphilosophische Schriften. Übers. von K. U. Szudra. Hg. von Hermann Klenner. Leipzig 1980. Neuauflage Berlin 1986, S. 271–288
219 Cranston, S. 425
220 Vgl. dazu im einzelnen Ashcraft, S. 267–270
221 Abgedruckt bei Fox Bourne, Bd. II, S. 535/36
222 Correspondence VI: 2408
223 Works 10, S. 264
224 Vgl. hierzu die ausführliche Studie von Nicholas Jolley: Leibniz and Locke. A Study of the New Essays on Human Understanding. Oxford 1984
225 Auch abgedruckt bei Fox Bourne, Bd. II, S. 561; Cranston, S. 481

Zeittafel

1632	29. August: John Locke wird als erstes Kind des Rechtsanwalts John Locke senior und dessen Frau Agnes, geb. Keene, in Wrington in der englischen Grafschaft Somerset geboren
1646(47) bis 1652	Besuch der Westminster-Schule in London
1649	König Karl I. wird hingerichtet. – England wird Republik
1652	Studium an der Universität Oxford (Christ Church College)
1654	Tod der Mutter
1658	Erhalt des Magistertitels (Master of Arts). – Beginn der akademischen Lehrtätigkeit
1660	Locke begrüßt die Restauration der Monarchie in England. – Freundschaft mit dem Chemiker Robert Boyle
1660/61	Niederschrift zweier konservativer Abhandlungen zur Frage: *Ob die Staatsgewalt von Rechts wegen den Gebrauch unwesentlicher Dinge in bezug auf Gottesdienste festlegen und bestimmen darf*. Von einer Publikation dieser Abhandlungen sieht Locke ab
1661	Tod des Vaters
1664	Fertigstellung von acht (erst 1954 veröffentlichten) Abhandlungen zum (moralischen) Naturgesetz
1665	November – Februar 1666: Erster Auslandsaufenthalt: Locke geht als Sekretär der Gesandtschaft Sir Walter Vanes an den brandenburgischen Hof nach Kleve
1667	Umzug nach London zu Shaftesbury als dessen Arzt und politischer Berater. – Locke wendet sich von dem politischen Konservatismus ab und verfaßt einen (erst postum veröffentlichten) *Essay zur Toleranz*
1671	Erste Entwürfe zum *Essay über den menschlichen Verstand*. – Bis 1675 Sekretär der Eigentümer von Carolina
1672	Oktober–November: Reise nach Paris
1675–1679	Aufenthalt in Frankreich (vor allem Montpellier und Paris). – Begegnungen mit Philosophen und Naturwissenschaftlern
1679	Rückkehr nach London zu Shaftesbury. – Politische Auseinandersetzungen um die Thronnachfolge
1680–1682	Locke verfaßt den wesentlichen Teil der 1689 publizierten *Zwei Traktate über die Regierung*
1683	Emigration in die Niederlande
1688	Eine französische Zusammenfassung des *Essay über den menschlichen Verstand* erscheint in Le Clercs «Bibliothèque Universelle et Historique». – «Glorreiche Revolution» in England
1689	Februar: Rückkehr nach London. – April: *Ein Brief über Toleranz* (Epistola de Tolerantia) erscheint anonym in Gouda. – Mai: Locke erhält einen Posten in einer Berufungskommission für Steuerfragen. – Oktober: *Zwei Traktate über die Regierung* (Two Treatises of Go-

vernment) erscheint anonym in London. – Dezember: *Ein Essay über den menschlichen Verstand* (An Essay Concerning Human Understanding) wird in London publiziert

1690   *Ein zweiter Brief über Toleranz* (A Second Letter Concerning Toleration). – Dezember: Umzug nach Oates in Essex, wo Locke den Rest seines Lebens bei Lady Masham und deren Familie verbringt. – Häufige Reisen nach London

1692   *Ein dritter Brief über Toleranz* (A Third Letter for Toleration). – *Einige Betrachtungen über die Folgen der Zinssenkung und der Anhebung des Münzwertes* (Some Considerations of the Consequences of the Lowering of Interest and Raising the Value of Money)

1693   *Einige Gedanken zur Erziehung* (Some Thoughts Concerning Education) erscheint in zwei fast identischen Auflagen

1694   Freundschaft mit Peter King. – Einflußnahme auf die aktuelle Politik über das «College». – Zweite Auflage der *Traktate*. – Zweite Auflage des *Essay*

1695   Dritte Auflage der *Gedanken zur Erziehung*. – *Die Vernünftigkeit des Christentums* (The Reasonableness of Christianity) erscheint anonym. – Dritte Auflage des *Essay*. – *Weitere Betrachtungen über die Anhebung des Münzwertes* (Further Considerations Concerning Raising the Value of Money). – *Eine Verteidigung der Vernünftigkeit des Christentums* (A Vindication of the Reasonableness of Christianity)

1696   Locke erhält einen Posten im neugegründeten nationalen Handelsrat (Board of Trade). – Zweite Auflage der *Vernünftigkeit des Christentums* (zusammen mit der ersten Verteidigungsschrift hierzu)

1697   Beginn der Kontroverse mit Edward Stillingfleet, Bischof von Worcester, über den *Essay*. – *Eine zweite Verteidigung der Vernünftigkeit des Christentums* (A Second Vindication of the Reasonableness of Christianity)

1698   Dritte Auflage der *Traktate*

1699   Vierte Auflage der *Gedanken zur Erziehung*

1700   Vierte Auflage und französische Übersetzung des *Essay*. – Juni: Locke tritt aus gesundheitlichen Gründen von seinem Posten im Handelsrat und in der Berufungskommission für Steuerfragen zurück

1701   Lateinische Übersetzung des *Essay*

1703   Freundschaft mit Anthony Collins. – Edition von *Aesops Fabeln*

1704   28. Oktober: Tod Lockes

1705–1707   *Eine Paraphrase und Erläuterungen zu den Briefen des Hl. Paulus* (A Paraphrase and Notes on the Epistles of St. Paul)

1706   Fünfte Auflage des *Essay* (mit noch von Locke vorbereiteten Änderungen). – Posthumous Works of Mr. John Locke (enthält u. a.: *Von der Leitung des Verstandes* [Of the Conduct of the Understanding] und *Eine Untersuchung über P. Malebranches Auffassung vom Sehen aller Dinge in Gott* [An Examination of P. Malebranche's Opinion of Seeing All Things in God]

ZEICHEN DER ZEIT

1632

John Locke wird geboren,
mit ihm in diesem Jahr...

... der englische Baumeister Christopher Wren. Es ist ein bedeutendes Jahr für die Malerei: Jan Vermeer van Delft, Nicolaes Maes und Luca Giordano erblicken das Licht der Welt, während Rembrandt, der Meister des Helldunkel, die «Anatomie des Dr. Tulp» malt. Rubens stellt «Das Urteil des Paris» und das «Venusfest» fertig, van Dyck wird Hofmaler in London.

Auf dem europäischen Kontinent wütet der Dreißigjährige Krieg. Ihm fallen in diesem Jahr sowohl der kaiserliche Feldherr Tilly als auch der schwedische König Gustav II. Adolf zum Opfer. Den Pfandbrief gibt es noch nicht, er wird erst in 137 Jahren, nach dem Siebenjährigen Krieg, erstmals herausgegeben werden.

Zeugnisse

Gottfried Wilhelm Leibniz
Da der von einem berühmten Engländer veröffentlichte *Essay über den Verstand* eines der schönsten und geschätztesten Werke unserer Zeit ist, so habe ich mich entschlossen, Bemerkungen dazu zu machen ...Es ist wahr, daß ich oft ganz anderer Ansicht bin als er; aber es heißt das Verdienst berühmter Schriftsteller nicht leugnen, sondern vielmehr bezeugen, wenn man angibt, worin und warum man sich von ihrer Meinung entfernt, – weil man es für notwendig hält, zu verhüten, daß ihr Ansehen in einigen wesentlichen Punkten der Sache der Vernunft Abbruch tue... In der Tat... sind unsere Systeme sehr voneinander verschieden. Das seinige hat mehr Verwandtschaft mit Aristoteles, und das meinige mit Plato, obwohl wir uns in vielen Dingen alle beide von der Lehre dieser zwei Alten entfernen.

«*Nouveaux Essais sur l'Entendement Humain*», 1704

Voltaire
Niemals vielleicht gab es einen klügeren, methodischeren Geist, einen exakteren Logiker als Locke ...Nachdem so viele Verstandesmenschen den Roman der Seele verfaßt hatten, ist ein Weiser gekommen, der bescheiden ihre Geschichte darstellt. Locke hat dem Menschen die menschliche Vernunft auseinandergesetzt, wie ein hervorragender Anatom die Bereiche des menschlichen Körpers erklärt ...Er zieht vor allem sein eigen Zeugnis zu Rat, das Gewissen seines Denkens.

«*Lettres philosophiques*», 1734

Immanuel Kant
Locke hat den allerwesentlichsten Schritt getan, dem Verstand Wege zu bahnen. Er hat ganz neue Criteria angegeben. Er philosophiert subjective, da Wolff und alle vor ihm objective philosophierten. Er hat die Genesin, die Abstammung und den Ursprung der Begriffe untersucht. Seine Logik ist nicht dogmatisch, sondern kritisch.

«*Vorlesung über Logik*», 1772

John Stuart Mill
Von Lockes *Essay*, dem Anfang und Grundstein aller modernen analytischen Psychologie, können wir nur mit der tiefsten Ehrfurcht sprechen, mögen wir nun die neue Ära, die er in der Philosophie einführt, und den inneren Wert, den seine Gedanken noch heute besitzen, ins Auge fassen oder den edlen Eifer für Wahrheit, den schönen und rührenden einfachen Ernst auf uns wirken lassen, den er nicht nur in seiner eigenen Person an den Tag legt, sondern vielleicht mehr als irgendein anderer philosophischer Schriftsteller seinem Leser einzuflößen weiß: Jeder Studierende sollte sich mit diesem Buch ganz vertraut machen.

In: «London Review», 1835

Edmund Husserl
Hier erwächst nach Locke die große Aufgabe der Aufklärung aller unserer selbsterworbenen oder überkommenen Begriffe, nämlich der mehr oder minder verworrenen Bedeutungsvorstellungen, mit denen wir in unserem Leben operieren ... Daß in diesem methodischen Entwurfe ein bedeutsames Motiv nach Gestaltung drängt und von da her einer Erkenntnistheorie ein Ziel zu geben wäre, ist unverkennbar. Wir werden uns überzeugen, daß hier nichts Geringeres vorliegt als eine Vorahnung des echten Intuitionismus, der zum Wesen der transzendentalen Erkenntnisbegründung gehört: es ist die Vorahnung des methodischen Stiles einer echten Erkenntnistheorie und einer von ihr abhängigen Neubegründung aller Wissenschaften, durch welche sie allererst zu strengen Wissenschaften in einem tiefsten und letzten Sinn werden.

«Erste Philosophie», 1923/24

Gilbert Ryle
Locke fordert von uns nicht bloß, daß wir uns von Zeit zu Zeit auf die ganz allgemeine Lehre besinnen, daß wir fehlbar sind, sondern daß wir es jederzeit beherzigen, unsere einzelnen Überzeugungen den ihnen angemessenen Disziplinen auszusetzen. Alle unsere Meinungen könnten und sollten *wohl erwogene* Meinungen sein. Zwar kann niemand guten Gewissens behaupten, daß uns diese Arbeit intellektueller Selbstkontrolle immer gelingt. Aber die bloße Tatsache, daß wir schlechte Gewissen wegen unserer Fehler haben, zeigt für sich allein, wie tief sich uns Lockes Lehre eingeprägt hat. Natürlich können wir nicht erreichen, daß unsere Meinungen immer *wahr* sind. Aber im Prinzip können wir es zustande bringen, daß sie immer wohl erwogen und geprüft sind. John Locke lehrte uns zu wünschen, daß wir dieses Ziel erreichen mögen, und es zu bedauern, wenn wir scheitern. Gewiß scheitern wir häufig; aber es ist ebenso gewiß, daß wir es bedauern, wenn wir unseren Maßstäben nicht genügen. Es war Locke, der uns diese Maßstäbe gab.

Rede über Locke, 1965

Bibliographie

Diese Bibliographie muß selektiv sein. Nur die wichtigsten heute gebräuchlichen Ausgaben von Lockes Schriften können hier erwähnt werden. Zu den Erscheinungsdaten der Erstausgaben siehe die Zeittafel. Umfassende Werkverzeichnisse enthalten die Bibliographien von Attig und Brandt (1988). Aus der Sekundärliteratur zu Locke kann ebenfalls nur eine Auswahl gegeben werden. Ausführlichere Hinweise hierzu sind in den Bibliographien von Brandt, Hall/Woolhouse, Totok und Yolton zu finden. Der jährlich erscheinende Locke Newsletter (Hg.: R. Hall) informiert fortlaufend über Neuerscheinungen zu Locke. Stand der Bibliographie ist Mai 1988. Es war allerdings möglich, einige zu diesem Zeitpunkt noch im Erscheinen begriffene Arbeiten aufzunehmen.

1. Bibliographien und Handschriftenkataloge

ATTIG, JOHN C.: The Works of John Locke. A Comprehensive Bibliography from the Seventeenth Century to the Present. Westport, Conn. 1985

BRANDT, REINHARD: Bibliographie. In: John Locke. Versuch über den menschlichen Verstand. Übers. von CARL WINCKLER. Hamburg, 4., durchgesehene Aufl. 1981. Bd. II, S. 441–461

BRANDT, REINHARD: John Locke. Anhänger und Gegner von Locke. In: Grundriß der Geschichte der Philosophie. Begründet von FRIEDRICH UEBERWEG. 1988. Für genaue Angaben zu diesem Titel siehe die entsprechende Eintragung unter 5. Gesamtdarstellungen und Einführungen

CHRISTOPHERSEN, H. O.: A Bibliographical Introduction to the Study of John Locke. Oslo 1930. Nachdruck New York 1968

HALL, ROLAND (Hg.): The Locke Newsletter. York 1970 –

HALL, ROLAND/WOOLHOUSE, ROGER: 80 Years of Locke Scholarship. A Bibliographical Guide. Edinburgh 1983

HARRISON, JOHN/LASLETT, PETER: The Library of John Locke. Oxford 1971[2]

LONG, PHILIP: A Summary Catalogue of the Lovelace Collection of the Papers of John Locke in the Bodleian Library. Oxford 1959

LONG, PHILIP: The Mellon Donation of Additional Manuscripts of John Locke from the Lovelace Collection. In: The Bodleian Library Record 7 (1964), S. 185–193

SCHANKULA, H. A. S.: A Summary Catalogue of the Philosophical Manuscript Papers of John Locke. In: The Bodleian Library Record 9 (1973/74), S. 24–35, 81/82

TOTOK, WILHELM: Handbuch der Geschichte der Philosophie. Bd. IV. Frühe Neuzeit. 17. Jahrhundert. Frankfurt a. M. 1981. S. 455–492

YOLTON, JEAN S./YOLTON, JOHN W.: John Locke. A Reference Guide. Boston, Mass. 1985

2. Schriften Lockes

a) Gesamtausgaben

The Works of John Locke. A New Edition, Corrected. 10 Bde. London 1823. Nachdruck Aalen 1963

The Clarendon Edition of the Works of John Locke. Hauptherausgeber: P. H. NIDDITCH (†), JOHN W. YOLTON. Oxford 1975 – [Erste textkritische Gesamtausgabe, geplant auf ca. 30 Bände]

Bisher erschienen:

An Essay Concerning Human Understanding. Hg. von P. H. NIDDITCH. 1975

The Correspondence of John Locke. 9 Bde. Hg. von E. S. DE BEER. 1976 – [Bd. 9 (mit Register) ist noch in Vorbereitung]

A Paraphrase and Notes on the Epistles of S. Paul. 2 Bde. Hg. von A. W. WAIN-WRIGHT. 1987

In Vorbereitung:

On Money. Hg. von PATRICK KELLY

Two Treatises of Government. Hg. von PETER LASLETT

The Reasonableness of Christianity [sowie andere Schriften zum Thema]. Hg. von JOHN C. BIDDLE

Essays on the Law of Nature. Hg. von WOLFGANG VON LEYDEN

Some Thoughts Concerning Education. Hg. von JEAN S. und JOHN W. YOLTON

The Journals of John Locke. Vermutlich 4 Bde. Hg. von H. A. S. SCHANKULA

Drafts for An Essay Concerning Human Understanding: And Other Philosophical Writings. 3 Bde. Hg. von P. H. NIDDITCH (†), G. A. J. ROGERS

The Locke – Stillingfleet Controversy. 2 Bde. Hg. von M. A. STEWART

On Toleration. 2 Bde. Hg.: N. N.

On Medicine. Hg.: N. N.

Religious Writings. Hg.: N. N.

Miscellaneous Writings. Hg.: N. N.

Bibliography. Von JEAN S. YOLTON und ROLAND HALL

Index: N. N.

b) Moderne Einzelausgaben und deutsche Übersetzungen

A Letter Concerning Toleration. Latin and English. Hg. von MARIO MONTUORI. Den Haag 1963. Nachdruck (mit Ergänzungen) Amsterdam 1983

Epistola de Tolerantia. A Letter on Toleration. Hg. von RAYMOND KLIBANSKY und J. W. GOUGH. Oxford 1968

A Letter Concerning Toleration. Hg. von JAMES TULLY. Indianapolis 1983

Dt.: Ein Brief über Toleranz. Englisch-deutsch. Übers. u. hg. von JULIUS EBBINGHAUS. Hamburg 1966^2. Nachdruck 1975

Two Treatises of Government. Hg. von PETER LASLETT. Cambridge 1967^2. Student Edition, Cambridge 1988

Dt.: Zwei Abhandlungen über die Regierung. Übers. von HANS JÖRN HOFFMANN. Hg. von WALTER EUCHNER. Frankfurt a. M. 1977^2

Über die Regierung [nur der Zweite Traktat]. Übers. von DOROTHEE TIDOW. Hg. von PETER CORNELIUS MAYER-TASCH. Stuttgart 1970^2 u. ö.

Abhandlung über den Staat [nur der Zweite Traktat]. In: John Locke, Bürgerliche Gesellschaft und Staatsgewalt. Sozialphilosophische Schriften. Übers. von K. U. SZUDRA. Hg. von HERMANN KLENNER. Leipzig 1980. Neuauflage Berlin 1986. S. 95–268

An Essay Concerning Human Understanding. 2 Bde. Hg. von A. C. FRASER. Oxford 1894. Nachdruck New York 1959

146

An Essay Concerning Human Understanding. 2 Bde. Hg. von JOHN W. YOL-TON. London/New York 1961 u. ö.
An Essay Concerning Human Understanding. Hg. von P. H. NIDDITCH. Oxford 1979 [Paperback-Ausgabe der im Rahmen der Clarendon-Gesamtausgabe erschienenen Edition]
Dt.: Über den menschlichen Verstand. 2 Bde. Übers. v. TH. SCHULTZE. Leipzig 1898 u. ö.
Versuch über den menschlichen Verstand. 2 Bde. Übers. von CARL WINCKLER. Hamburg 1911–13. 4., durchgesehene Aufl. 1981
Some Thoughts Concerning Education. In: The Educational Writings of John Locke. Hg. von JAMES L. AXTELL. Cambridge 1968
Dt.: Gedanken über Erziehung. Übers. und hg. von E. VON SALLWÜRK. Langensalza 1910³
Einige Gedanken über die Erziehung. Übers. und hg. von JOHANN BERNHARD DEERMANN. Paderborn 1967
Gedanken über Erziehung. Übers. und hg. von HEINZ WOHLERS. Stuttgart 1970 u. ö.
The Reasonableness of Christianity as Delivered in the Scriptures. Hg. von GEORGEIS E. EWING. Chicago 1965
Dt.: Reasonableness of Christianity (Vernünftigkeit des biblischen Christentums) 1695. Übers. von CARL WINCKLER. Hg. von LEOPOLD ZSCHARNACK. Gießen 1914
Several Papers Relating to Money, Interest and Trade, &c. (1696). Nachdruck New York 1968
Dt.: [Einzelne Passagen hieraus sind übersetzt bei] MARIA LÜCKEROTH: Die geld- und kredittheoretischen Ansichten John Lockes und David Humes. (Diss.) Bonn 1953
Of the Conduct of the Understanding. Hg. von FRANCIS W. GARFORTH. New York 1966
Dt.: Über die Leitung des Verstandes. Übers. von TH. SCHULTZE. In: Über den menschlichen Verstand. Übers. von TH. SCHULTZE. Leipzig 1898 u. ö., Bd. II, S. 449–547
Über den richtigen Gebrauch des Verstandes. Übers. v. OTTO MARTIN. Hamburg 1920. Nachdruck 1978
An Early Draft of Locke's Essay: Together with Excerpts from his Journals. Hg. von R. I. AARON und JOCELYN GIBB. Oxford 1936
Draft A of Locke's Essay Concerning Human Understanding: The Earliest Extant Autograph Version. Hg. von P. H. NIDDITCH. Sheffield 1980 [Erste textkritische Edition von «Draft A»; ohne die bei Aaron und Gibb abgedruckten Tagebuchnotizen]
Essays on the Law of Nature. . . . Together with Transcripts of Locke's Shorthand in his Journal for 1676. Hg. von WOLFGANG VON LEYDEN. Oxford 1954. 2. Nachdruck 1988
Dt.: [Von den acht «Essays» zum Naturgesetz liegen die letzten beiden in deutscher Übersetzung vor. In:] John Locke: Bürgerliche Gesellschaft und Staatsgewalt. Sozialphilosophische Schriften. Übers. von K. U. SZUDRA. Hg. von HERMANN KLENNER. Leipzig 1980. Neuauflage Berlin 1986. S. 77–93
Two Tracts on Government. Hg. von PHILIP ABRAMS. Cambridge 1967
Dt.: [Der erste «Tract» und die Vorrede an den Leser liegen in deutscher Übersetzung vor. In:] John Locke: Bürgerliche Gesellschaft und Staatsgewalt. Sozialphilosophische Schriften. Übers. von K. U. SZUDRA. Hg. von HERMANN KLENNER. Leipzig 1980. Neuauflage Berlin 1986. S. 9–71
Draft B of Locke's Essay Concerning Human Understanding: the Fullest Extant Autograph Version. Hg. von P. H. NIDDITCH. Sheffield 1982

3. Biographien

CRANSTON, MAURICE: John Locke. A Biography. London 1957. Paperback-Ausgabe Oxford 1985

DEWHURST, KENNETH: John Locke (1632–1704). Physician and Philosopher. A Medical Biography with an Edition of the Medical Notes in his Journals. London 1963

FECHTNER, EDUARD: John Locke, ein Bild aus den geistigen Kämpfen Englands im 17. Jahrhundert. Stuttgart 1898

FOX BOURNE, HENRY R.: The Life of John Locke. 2 Bde. London 1876. Nachdruck Aalen 1969

KING, PETER: The Life and Letters of John Locke. New Edition. 2 Bde. London 1830. Nachdruck New York 1972

4. Historischer Hintergrund

ASHCRAFT, RICHARD: Revolutionary Politics and Locke's Two Treatises of Government. Princeton 1986

COLIE, ROSALIE L.: Light and Enlightenment: A Study of the Cambridge Platonists and the Dutch Armenians. Cambridge 1957

CRAGG, GERALD R.: From Puritanism to the Age of Reason. Cambridge 1966[2]

HAZARD, PAUL: La Crise de la Conscience européenne, 1680–1715. Paris 1935 – Dt.: Die Krise des europäischen Geistes, 1680–1715. Hamburg 1939

HERTLING, GEORG FREIHERR VON: John Locke und die Schule von Cambridge. Freiburg 1892

HILL, CHRISTOPHER: The Century of Revolution 1603–1714. Walton-on-Thames 1980[2]

HUNTER, MICHAEL: Science and Society in Restoration England. Cambridge 1981

KENNEY, W. HENRY: John Locke and the Oxford Training in Logic and Metaphysics. Diss. St. Louis 1959

KLUXEN, KURT: Geschichte Englands. Stuttgart 1985[3]

LAMPRECHT, STERLING: The Role of Descartes in Seventeenth Century England. In: Studies in the History of Ideas. Bd. 3. New York 1935. S. 179–240

McLACHLAN, HERBERT: Socinianism in Seventeenth Century England. Oxford 1951

MILTON, J. R.: The Scholastic Background to Locke's Thought. In: The Locke Newsletter 15 (1984), S. 25–34

POPKIN, RICHARD H.: The History of Scepticism from Erasmus to Spinoza. Berkeley, Calif. 1979

ROGERS, G. A. J.: Descartes and the English. In: J. D. NORTH/J. J. ROCHE (Hg.), The Light of Nature. Dordrecht 1985. S. 281–302

TELLKAMP, AUGUST: Über das Verhältnis John Lockes zur Scholastik. Münster 1927

LEEUWEN, HENRY G. VAN: The Problem of Certainty in English Thought 1630–1690. Den Haag 1971[2]

LEYDEN, WOLFGANG VON: Seventeenth Century Metaphysics. An Examination of Some Main Concepts and Theories. London 1968

RANKE, LEOPOLD VON: Englische Geschichte, vornehmlich im sechzehnten und siebzehnten Jahrhundert. 7 Bde. Berlin 1859–1868

WILLEY, BASIL: The Seventeenth Century Background. London 1934. Nachdruck 1953 u. ö.

WUNDT, MAX: Die deutsche Schulmetaphysik des 17. Jahrhunderts. Tübingen 1939. Nachdruck Hildesheim 1964

YOLTON, JOHN W.: John Locke and the Way of Ideas. Oxford 1956. Nachdruck 1968

5. Gesamtdarstellungen und Einführungen

Aaron, Richard I.: John Locke. Oxford 1971³. Nachdruck (mit Korrekturen) 1973

Brandt, Reinhard: John Locke. In: O. Höffe (Hg.), Klassiker der Philosophie. Bd. I. München 1981. S. 360–377

Brandt, Reinhard: John Locke. Anhänger und Gegner von Locke. In: Grundriß der Geschichte der Philosophie. Begründet von Friedrich Ueberweg. Völlig neubearbeitete Ausgabe. Die Philosophie des 17. Jahrhunderts. Bd. 3. England. Hg. von Jean Pierre Schobinger. Basel/Stuttgart 1988. Kap. 9, §§ 29–30

Dunn, John: Locke. Oxford 1984

Mabbott, J. D.: John Locke. London 1973

Röd, Wolfgang: John Locke. In: W. Röd (Hg.), Geschichte der Philosophie. Bd. 8. München 1984. S. 28–66

Specht, Rainer: John Locke. München 1989

Yolton, John W.: John Locke. An Introduction. Oxford 1985

6. Aufsatzsammlungen

Brandt, Reinhard (Hg.): John Locke. Symposium Wolfenbüttel 1979. Berlin/ New York 1981

Martin, C. B./Armstrong, D. M. (Hg.): Locke and Berkeley. A Collection of Critical Essays. London 1968

Schochet, Gordon J. (Hg.): Life, Liberty, and Property: Essays on Locke's Political Ideas. Belmont, Calif. 1971

Tipton, I. C. (Hg.): Locke on Human Understanding. Selected Essays. Oxford 1977

Yolton, John W. (Hg.): John Locke. Problems and Perspectives. A Collection of New Essays. Cambridge 1969

7. Zur Erkenntnis- und Wissenschaftstheorie

a) Allgemein

Alexander, Peter: Ideas, Qualities and Corpuscles. Locke and Boyle on the External World. Cambridge 1985

Cassirer, Ernst: Das Erkenntnisproblem in der Philosophie und Wissenschaft der neueren Zeit. Bd. 2. Berlin 1922³. Nachdruck Darmstadt 1974. S. 227–274

Dangelmayr, Siegfried: Methode und System. Wissenschaftsklassifikation bei Bacon, Hobbes und Locke. Meisenheim am Glan 1974

Duchesneau, François: L'Empirisme de Locke. Den Haag 1973

Gäbe, Lüder: Zur Apprioritätsproblematik bei Leibniz – Locke in ihrem Verhältnis zu Descartes und Kant. In: Hans Wagner (Hg.), Sinnlichkeit und Verstand. Bonn 1976. S. 75–106

Gibson, James: Locke's Theory of Knowledge and Its Historical Relations. Cambridge 1917. Nachdruck 1960

Kambartel, Friedrich: Erfahrung und Struktur: Bausteine zu einer Kritik des Empirismus und Formalismus. Frankfurt a. M. 1968. S. 15–49

Klemmt, Alfred: John Locke. Theoretische Philosophie. Meisenheim am Glan 1952

Krüger, Lorenz: Der Begriff des Empirismus. Erkenntnistheoretische Studien am Beispiel John Lockes. Berlin/New York 1973

KULENKAMPFF, AREND: John Locke. In: NORBERT HOERSTER (Hg.), Klassiker des philosophischen Denkens. Bd. 1. München 1985³. S. 232–273

MACKIE, J. L.: Problems from Locke. Oxford 1976

RIEHL, ALOIS: Der philosophische Kritizismus. Bd. 1. Leipzig 1908²

ROGERS, G. A. J.: The Empiricism of Locke and Newton. In: Royal Institute of Philosophy Lectures 12. Brighton 1979. S. 1–30

ROMANELL, PATRICK: John Locke and Medicine. A New Key to Locke. Buffalo, N. Y. 1984

SCHANKULA, H. A. S.: Locke, Descartes, and the Science of Nature. In: Journal of the History of Ideas 41 (1980), S. 459–477

SCHOULS, PETER A.: The Imposition of Method. A Study of Descartes and Locke. Oxford 1980

SPECHT, RAINER: Über empiristische Ansätze Lockes. In: Allgemeine Zeitschrift für Philosophie 3 (1977), S. 1–35

SPECHT, RAINER: Der Naturbegriff in John Lockes ‹Essay›. In: Perspektiven der Philosophie 11 (1985), S. 249–268

WEBB, THOMAS: The Intellectualism of Locke. An Essay. Dublin 1857. Nachdruck New York 1973

WOOLHOUSE, R. S.: Locke's Philosophy of Science and Knowledge. Oxford 1971

WOOLHOUSE, R. S.: Locke. Brighton 1983

YOLTON, JOHN W.: Locke and the Compass of Human Understanding. Cambridge 1970

b) Aufsätze zu Einzelfragen

Innatismus-Kritik:

EVNINE, SIMON: Innate Principles and Radical Interpretation. In: The Locke Newletter 18 (1987), S. 33–44

ROGERS, G. A. J.: Locke, Newton, and the Cambridge Platonists on Innate Ideas. In: Journal of the History of Ideas 40 (1979), S. 191–206

SPECHT, RAINER: Innovation und Folgelast. Beispiele aus der neueren Philosophie- und Wissenschaftsgeschichte. Stuttgart–Bad Cannstatt 1972. S. 189–210

Erfahrung, Idee, Perzeption:

AYERS, MICHAEL: Locke's Logical Atomism. Dawes Hicks Lecture on Philosophy. British Academy 1981. Oxford 1983

BRANDT, REINHARD: Historisches zur Genese des dreidimensionalen Sehbildes (Gassendi, Locke, Berkeley). In: Ratio 17 (1975), S. 170–182

COHEN, E. D.: Reason and Experience in Locke's Epistemology. In: Philosophy and Phenomenological Research 45 (1984), S. 71–86

HUBER, CARLO E.: Die Idee der Existenz bei Locke: Die Problematik eines bewußtseinsphilosophischen Realismus. In: Gregorianum 60 (1979), S. 85–146

MALL, R. A.: Der operative Begriff des Geistes: Locke, Berkeley, Hume. Freiburg/München 1984

STEWART, M. A.: Locke's Mental Atomism and the Classification of Ideas. I–II. In: The Locke Newsletter 10–11 (1979–80), S. 53–82; 25–62

Primäre und sekundäre Qualitäten:

BAEUMKER, CLEMENS: Über die Locke'sche Lehre von den primären und sekundären Qualitäten. In: Philosophisches Jahrbuch 21 (1908), S. 293–313

BOLTON, MARTHA B.: The Origins of Locke's Doctrine of Primary and Secondary Qualities. In: Philosophical Quarterly 26 (1976), S. 305–316

DAVIDSON, A. I./HORNSTEIN, N.: The Primary/Secondary Quality Distinction:

150

Berkeley, Locke, and the Foundations of Corpuscularian Science. In: Dialogue 23 (1984), S. 281–303

Substanz und Essenz:

ALEXANDER, PETER: Locke über Substanz-im-allgemeinen I–II. In: Ratio 22–23 (1980–81), S. 97–112; 1–19
AYERS, MICHAEL: The Ideas of Power and Substance in Locke's Philosophy. In: Philosophical Quarterly 25 (1975), S. 1–27. Mit Änderungen auch in: I. C. TIPTON (Hg.), Locke on Human Understanding. Selected Essays. Oxford 1977. S. 77–104
AYERS, MICHAEL: Locke versus Aristotle on Natural Kinds. In: The Journal of Philosophy 78 (1981), S. 247–272
FREYTAG, WILLY: Die Substanzenlehre Lockes. Halle 1899. Nachdruck Hildesheim 1980

Sprache:

AARSLEFF, HANS: Leibniz on Locke on Language. In: American Philosophical Quarterly 1 (1964), S. 165–188. Auch in: H. AARSLEFF, From Locke to Saussure. Essays on the Study of Language and Intellectual History. London 1982. S. 42–83
ARNDT, HANS W.: John Locke. Die Funktion der Sprache. In: J. SPECK (Hg.), Grundprobleme der großen Philosophen I. Göttingen 1979. S. 176–210
ASHWORTH, E. J.: Locke on Language. In: Canadian Journal of Philosophy 14 (1984), S. 149–165

Erkenntnis, Wahrheit und Methode:

FARR, J.: The Way of Hypotheses. Locke on Method. In: Journal of the History of Ideas 48 (1987), S. 51–72
MATTERN, RUTH: Locke: ‹Our Knowledge, Which All Consists in Propositions›. In: Canadian Journal of Philosophy 8 (1978), S. 677–695
SPECHT, RAINER: Erfahrung und Hypothesen: Meinungen im Umkreis Lockes. In: Philosophisches Jahrbuch 88 (1981), S. 20–49
SPECHT, RAINER: Über Wahrheit und Wissen bei Locke. In: U. NEEMANN/ E. WALTHER-KRAUS (Hg.), Logisches Philosophieren. Festschrift für Albert Menne. Hildesheim/New York 1983. S. 135–152

8. Zur Ethik

COLMAN, JOHN: John Locke's Moral Philosophy. Edinburgh 1983
GRAVE, S. A.: Locke and Burnet. Perth 1981. S. 6–19
MATTERN, RUTH: Moral Science and the Concept of Person in Locke. In: Philosophical Review 89 (1980), S. 24–45
PASSMORE, JOHN A.: Locke and the Ethics of Belief. Dawes Hicks Lecture on Philosophy. British Academy 1978. Oxford 1980
PRIDDAT, B./SCHERF, H.: Ethik bei J. Locke und J. M. Keynes. In: Ökonomie und Gesellschaft 2 (1984), S. 106–117
SPRUTE, JÜRGEN: John Lockes Konzeption der Ethik. In: Studia Leibnitiana 17 (1985), S. 127–142

9. Zur Theorie der Personalen Identität

ALLISON, HENRY E.: Locke's Theory of Personal Identity: A Re-Examination. In: Journal of the History of Ideas 27 (1966), S. 41–58. Mit Änderungen auch in:

TIPTON (Hg.), Locke on Human Understanding. Selected Essays. Oxford 1977. S. 105–122

KIENZLE, BERTRAM: Lockes Perspektiventheorie der persönlichen Identität. In: Studia Leibnitiana 17 (1985), S. 52–65

MATTHEWS, ERIC: Descartes and Locke on the Concept of a Person. In: The Locke Newsletter 8 (1977), S. 9–34

THIEL, UDO: Lockes Theorie der personalen Identität. Bonn 1983

10. Zur Pädagogik

CRITTENDEN, PAUL J.: Thoughts about Locke's Thoughts about Education. In: Journal of the Philosophy of Education 15 (1981), S. 149–160

HEILAND, HELMUT: Probleme der pädagogischen Locke-Forschung in Deutschland (1860–1970). In: Paedagogica Historica 12 (1972), S. 405–459

MAAG, URS: Die psychologischen Ansichten John Lockes. Aarau 1960

OPPOLZER, SIEGFRIED: Das Kind in der Erziehungslehre John Lockes. In: FRANZ JOSEF HOLTKEMPER [et al.] (Hg.), Pädagogische Blätter: Heinrich Döpp-Vorwald zum 65. Geburtstag. Ratingen 1967. S. 141–167

TARCOV, NATHAN: Locke's Education for Liberty. Chicago/London 1984

WINKLER, M.: John Locke und die Theorie der pädagogischen Situation. In: Paedagogica Historica 21 (1981), S. 187–210

YOLTON, JOHN W.: John Locke and Education. New York 1971

11. Zur Politischen Philosophie

ASHCRAFT, RICHARD: Locke's Two Treatises of Government. London 1987

BAUMGARTNER, WILHELM: Naturrecht und Toleranz. Untersuchungen zur Erkenntnistheorie und politischen Philosophie bei John Locke. Würzburg 1979

BRANDT, REINHARD: Eigentumstheorien von Grotius bis Kant. Stuttgart–Bad Cannstatt 1974

BRANDT, REINHARD: Menschenrechte und Güterlehre. In: R. BRANDT (Hg.), Rechtsphilosophie der Aufklärung. Symposium Wolfenbüttel 1981. Berlin/New York 1982. S. 79–106

DUNN, JOHN: The Political Thought of John Locke. An Historical Account of the ‹Two Treatises of Government›. Cambridge 1969

EUCHNER, WALTER: Naturrecht und Politik bei John Locke. Frankfurt a.M. 1979[2]

FRANKLIN, JULIAN H.: John Locke and the Theory of Sovereignity. Cambridge 1978

GOUGH, JOHN W.: John Locke's Political Philosophy. Eight Studies. Oxford 1973[2]

KENDALL, WILLMOORE: John Locke and the Doctrine of Majority-Rule. Urbana, Ill. 1965[3]

LAMPRECHT, STERLING P.: The Moral and Political Philosophy of John Locke. New York 1918. Nachdruck 1962

MACPHERSON, C. B.: The Political Theory of Possessive Individualism. Hobbes to Locke. Oxford 1962 – Dt.: Die politische Theorie des Besitzindividualismus. Von Hobbes bis Locke. Frankfurt a. M. 1967 u. ö.

MAUTNER, THOMAS: Locke on Original Appropriation. In: American Philosophical Quarterly 19 (1982), S. 259–270

MEDICK, HANS: Naturzustand und Naturgeschichte der bürgerlichen Gesellschaft. Die Ursprünge der bürgerlichen Sozialtheorie als Geschichtsphilosophie und Sozialwissenschaft bei Samuel Pufendorf, John Locke und Adam Smith. Göttingen 1973

OPITZ, PETER J.: John Locke. In: E. VOEGELIN (Hg.), Zwischen Revolution und

Restauration. Politisches Denken in England im 17. Jahrhundert. München 1968. S. 127–145

PARRY, GERAINT: John Locke. London 1978

POLIN, RAYMOND: La Politique morale de John Locke. Paris 1960

ROSTOCK, MICHAEL: Die Lehre von der Gewaltenteilung in der politischen Theorie von John Locke. Meisenheim am Glan 1974

RYAN, ALAN: Property and Political Theory. Oxford 1984. S. 14–48

SELIGER, MARTIN: The Liberal Politics of John Locke. London 1968

STRAUSS, LEO: Natural Right and History. Chicago 1953. S. 202ff – Dt.: Naturrecht und Geschichte. Stuttgart 1956. S. 210–262

TULLY, JAMES: A Discourse on Property. John Locke and his Adversaries. Cambridge 1980

LEYDEN, WOLFGANG VON: Hobbes and Locke. The Politics of Freedom and Obligation. London 1981

12. Zur Religionsphilosophie

ASHCRAFT, RICHARD: Faith and Knowledge in Locke's Philosophy. In: J. W. YOLTON (Hg.), John Locke. Problems and Perspectives. A Collection of New Essays. Cambridge 1969. S. 194–223

CROUS, ERNST: Die religionsphilosophischen Lehren Lockes und ihre Stellung zu dem Deismus seiner Zeit. Halle 1910. Nachdruck Hildesheim 1980

JOHNSON, M. S.: Locke on Freedom. Austin, Tex. 1977

LECHLER, GOTTHARD V.: Geschichte des englischen Deismus. Stuttgart/Tübingen 1841. S. 154–179. Mit einem Vorwort und bibliographischen Hinweisen von G. GAWLICK. Hildesheim 1965

LEZIUS, FRIEDRICH: Der Toleranzbegriff Lockes und Pufendorfs. Leipzig 1900. 2. Nachdruck Aalen 1987

MONTUORI, MARIO: John Locke on Toleration and the Unity of God. Amsterdam 1983

SNYDER, D. C.: Faith and Reason in Locke's Essay. In: Journal of the History of Ideas 47 (1986), S. 197–213

SPELLMAN, W. M.: John Locke and the Problem of Depravity. Oxford 1988

13. Zur Ökonomie und Geldtheorie

EMRICH, IGNAZ: Die geldtheoretischen und geldpolitischen Anschauungen John Lockes. Diss. München 1927

LASLETT, PETER: John Locke, the Great Recoinage, and the Origins of the Board of Trade. In: J. W. YOLTON (Hg.), John Locke. Problems and Perspectives. A Collection of New Essays. Cambridge 1969. S. 137–164

LEIGH, ARTHUR E.: John Locke and the Quantity Theory of Money. In: History of Political Economy 6 (1974), S. 200–219

LETWIN, WILLIAM: The Origins of Scientific Economics: English Economic Thought 1660–1776. London/New York 1963. S. 158–195. Nachdruck Westport, Conn. 1975

LÜCKEROTH, MARIA: Die geld- und kredittheoretischen Ansichten John Lockes und David Humes. Diss. Bonn 1953

VAUGHN, KAREN I.: John Locke. Economist and Social Scientist. Chicago 1980

14. Zur Wirkungsgeschichte

AARSLEFF, HANS: From Locke to Saussure. Essays on the Study of Language and Intellectual History. London 1982

BRANDES, HELGA: Frauenzimmer-Journal. Zur Herausbildung einer journalistischen Gattung im 18. Jahrhundert. In: G. BRINKER-GABLER (Hg.), Frauen Schreiben. Eine Kultur- und Sozialgeschichte. Bd. 1. München 1988. S. 280–290

BRANDT, REINHARD: Rousseaus Philosophie der Gesellschaft. Stuttgart–Bad Cannstatt 1973

BRANDT, REINHARD: Materialien zur Entstehung der Kritik der reinen Vernunft (John Locke und Johann Schultz). In: I. HEIDEMANN / W. RITZEL (Hg.), Beiträge zur Kritik der reinen Vernunft. Berlin / New York 1981. S. 37–68

BROWN, FRANCIS A.: German Interest in John Locke's Essay 1688–1800. In: Journal of English and Germanic Philology 50 (1951), S. 466–482

BUICKEROOD, JAMES G.: The Natural History of the Understanding: Locke and the Rise of Facultative Logic in the Eighteenth Century. In: History and Philosophy of Logic 6 (1985), S. 157–190

DROBISCH, M. W.: Über Locke, den Vorläufer Kant's. In: Zeitschrift für exacte Philosophie 2 (1862), S. 1–32

FOX, CHRISTOPHER: Locke and the Scriblerians. The Discussion of Identity in Early Eighteenth Century England. In: Eighteenth Century Studies 16 (1982), S. 1–25

GAWLICK, GÜNTER: Über einige Charakteristika der britischen Philosophie des 18. Jahrhunderts. In: Studia Leibnitiana 15 (1983), S. 30-41

HARTENSTEIN, GUSTAV: Locke's Lehre von der menschlichen Erkenntnis in Vergleichung mit Leibniz's Kritik derselben. In: Königlich-Sächsische Gesellschaft der Wissenschaften. Abhandlungen der philologisch-historischen Klasse. Bd. 4. Leipzig 1861. S. 113–262

HAZARD, PAUL: La Pensée européenne au XVIIIe Siècle de Montesquieu à Lessing. Paris 1946 – Dt.: Die Herrschaft der Vernunft. Hamburg 1949

JOLLEY, NICHOLAS: Leibniz and Locke. A Study of the New Essays on Human Understanding. Oxford 1984

MACLEAN, KENNETH: John Locke and English Literature of the Eighteenth Century. London / New Haven 1936. Nachdruck New York 1962

PICKERING, SAMUEL F.: John Locke and Children's Books in Eighteenth Century England. Knoxville 1981

POWER, SUSAN: John Locke: Revolution, Resistance, or Opposition? In: Interpretation 9 (1981), S. 229–244

QUINTANA, RICARDO: Two Augustans: John Locke, Jonathan Swift. Madison 1978

RICKEN, ULRICH: Sprache, Anthropologie, Philosophie in der französischen Aufklärung. Berlin 1984

SPECHT, RAINER: Zum Locke-Verständnis von ‹Process and Reality›. In: F. RAPP / R. WIEHL (Hg.), Whiteheads Metaphysik der Kreativität. Freiburg / München 1986. S. 47–68

STEPHEN, LESLIE: History of English Thought in the Eighteenth Century. 2 Bde. London 1876

TUVESON, ERNEST L.: The Imagination as a Means of Grace. Locke and the Aesthetics of Romanticism. Berkeley, Calif. 1960

WINTER, ALOIS: Selbstdenken – Antinomien – Schranken. Zum Einfluß des späten Locke auf die Philosophie Kants. In: Aufklärung 1 (1986), S. 27–66

WUNDT, MAX: Die deutsche Schulphilosophie im Zeitalter der Aufklärung. Tübingen 1945

YOLTON, JOHN W.: Thinking Matter. Materialism in Eighteenth Century Britain. Oxford 1984

YOLTON, JOHN W.: Perceptual Acquaintance from Descartes to Reid. Oxford 1984

ZART, G.: Einfluß der englischen Philosophen seit Bacon auf die deutsche Philosophie des 18. Jahrhunderts. Berlin 1881

Namenregister

Die kursiv gesetzten Zahlen bezeichnen die Abbildungen

Dank

Die Herzog August Bibliothek in Wolfenbüttel hat durch die Verleihung eines
Vollstipendiums für 1987 auch die Arbeit an dieser Monographie gefördert, wofür
ich an dieser Stelle nochmals danken möchte. – Reinhard Brandt (Marburg) danke
ich für zahlreiche Anregungen und kritische Hinweise zu meinen Locke-Studien.

Über den Autor

Udo Thiel, geboren 1954 in Flensburg. Studium der Philosophie, Neueren Germanistik und Allgemeinen Sprachwissenschaft in Marburg, Bonn und Oxford. 1982 Promotion in Philosophie bei Hans Wagner in Bonn. 1983/84 Visiting Scholar am Queens College in Oxford. 1987 Stipendiat der Herzog August Bibliothek in Wolfenbüttel. – Veröffentlichungen zur Philosophie des 17. Jahrhunderts und speziell zu John Locke. Buchpublikation: «Lockes Theorie der personalen Identität», Bonn: Bouvier 1983. Mitarbeit an der «Cambridge History of 17th Century Philosophy». Weiterer Forschungsschwerpunkt: Theorien des (Selbst-) Bewußtseins und der Reflexion in der Philosophie des 18. Jahrhunderts.

Seit 1985 Lehrtätigkeit in Philosophie an der Universität Sydney/Australien.

Quellennachweis der Abbildungen

Paul Mellon, Oak Spring, Virginia: 6
Hulton-Deutsch Collection, London: 8, 58
Aus: Arthur Mee (Hg.), Somerset (The King's England), London 1940; Nachdruck 1948: 9
Aus: Christopher Hill, The Century of Revolution. 1630–1714, Edinburgh 1961: 10
Archiv für Kunst und Geschichte, Berlin: 12/13, 14, 28 (Louvre, Paris), 36/37, 40/41, 60, 79, 84, 86, 127
Historia Photo, Hamburg: 46
Bodleian Library, Oxford: 16/17 o., 16/17 u., 21, 26 o.,26/27 u., 42, 48, 52, 67, 83, 89, 92, 97
Aus: G. M. Trevelyan, Illustrated English Social History, Bd. 2, 1951: 19
Photographie Giraudon, Paris: 30
National Portrait Gallery, London: 33, 34, 39, 53, 62, 63, 64, 71, 77, 98
Aus: Margery Purver, The Royal Society. Concept and Creation, London 1967: 32
Archiv Gerstenberg, Wietze: 47
Aus: Dagobert D. Runes, Pictorial History of Philosophy, New York 1959: 51
Privatbesitz: Chipley Park, Somerset: 54, 55
British Museum, London: 56, 116
Rijksmuseum, Amsterdam: 61
Aus: Maria Boas Hall (Hg.), Nature and Nature's Laws, London/Melbourne 1970: 81
Herzog August Bibliothek, Wolfenbüttel: 90, 131
Aus: John Harrison und Peter Laslett, The Library of John Locke, Oxford 1971[2]: 121
Eremitage, Leningrad: 123
Bildarchiv Preußischer Kulturbesitz, Berlin: 129
Ullstein Bilderdienst, Berlin: 128